그때 일본이 만들어졌다

일본사의 중대 전환점

이 도서의 국립중앙도서관 출판시도서목록(CIP)은 e-CIP홈페이지(http://www.nl.go.kr/ecip)
와 국가자료공동목록시스템(http://www.nl.go.kr/kolisnet)에서 이용하실 수 있습니다(CIP
제어번호: CIP2013003218).

한일대역 — 일본을 읽는다

그때 일본이 만들어졌다

일본사의 중대 전환점

니시우미 고엔 지음 | 박양순 옮김

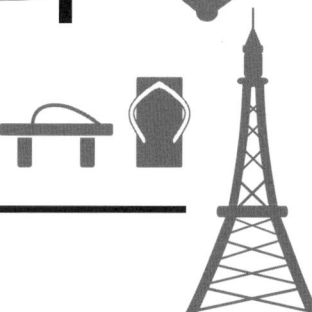

そのとき日本が創られた
日本史の重大ターニングポイント

Copyright ⓒ 2013 by IBCパブリッシング株式会社
Korean Translation Copyright ⓒ 2013 by Hanul Publishing Group
All rights reserved

이 책의 한국어판 저작권은 IBC와의 독점계약으로 도서출판 한울이 소유합니다.
저작권법에 의해 한국 내에서 보호를 받는 저작물이므로 무단전재 및 복제를 금합니다.

옮긴이의 글

한 나라의 역사를 접하다 보면 시대상으로 어느 부분이 크게 부각되는 반면 다른 어느 부분은 소홀히 다루어지는 경우가 있습니다. 또한 시대의 흐름 속에서 나타나는 수많은 사건의 경중을 헤아리기가 어려워 곤란을 겪는 일도 적지 않습니다. 이 책은 이러한 관점에서 매우 고무적인 역사책입니다.

이 책은 일본이 생겨나서 현재에 이르기까지의 역사를 터닝포인트 29개의 지점으로 나누어 알기 쉽게 설명하고 있습니다. 일본 역사에 지견이 높은 이는 물론이고 그렇지 않은 이도 쉽게 일본 역사의 형성 과정을 이해할 수 있도록 구성되었습니다. 특히 이 책에는 일본 국민에게가 아니라 외국을 향해 일본의 역사를 알리고자 하는 저자의 역사관이 곳곳에 배어 있습니다.

또한 일본 역사를 일본어와 한국어 문장으로 나란히 볼 수 있어 역사 용어 및 한일 간 표현의 차이를 느낄 수 있는 자료로도 손색이 없습니다. 이 책이 한일 양국에서 두루 활용되기를 기대합니다.

박양순

まえがき

　本書は、日本の歴史の転換点にスポットを当て、日本史を語る上で最も大切な事象を解説したものです。

　日本の歴史は日本人が思うほどに海外では紹介されていません。それは、日本が島国で他との交流が少なかったこと、さらに欧米から遠く離れているために、19世紀以降歴史の中心舞台となった欧米からみれば日本の歴史は迂遠のものであったことなどが理由としてあげられます。

　それだけに、日本の歴史を的確に欧米の人に理解してもらうことは、至難の業なのです。日本人が常識と思っていることを敢えてひも解いて、彼らの言葉で解説するためには、時には日本の歴史を欧米のそれと比較し、ロジックそのものを彼らにとってわかりやすいものに組み替えてゆく作業が必要です。

　現在、日本の様々な事情がうまく伝えられないために、日本人が世界との誤解に悩むケースが増えていま

들어가며

　이 책은 일본 역사의 전환점에 초점을 맞추어 일본사를 서술하는 데 가장 중요한 사건을 해설했습니다.

　일본 역사는 일본인이 생각하는 만큼 해외에 알려져 있지 않습니다. 그것은 일본이 섬나라로 다른 국가와 교류가 적었던 점, 게다가 구미 대륙과 멀리 떨어져 있어서 19세기 이후 역사의 중심 무대가 된 서구에서 보면 일본 역사는 멀게만 느껴지는 점 등을 이유로 들 수 있습니다.

　그런 만큼 일본 역사를 적확하게 서구인에게 이해시키기란 힘듭니다. 일본인이 상식으로 여기고 있는 것을 쉽게 풀어서 그들의 말로 해설하자면 때로는 일본 역사를 서구의 역사와 비교하고, 논리에 근거해 그들이 이해할 수 있도록 재편성하는 작업이 필요합니다.

　현재 일본의 여러 가지 사정이 잘 전해지지 않아 일본이 세계로부터 오해를 받는 일이 많아지고 있습니다. 이러한 장애물을 극복하고 상호 이해를 돕기 위해서는, 일본 문화의 배경을 이루는 일본 역사를 알기 쉽게 설명하는

す。そうした障害を克服し、相互理解を深めるためには、日本文化のバックグラウンドともいえる日本の歴史をいかに説明するかというノウハウは欠かせません。

　ただ、日本の歴史を説明するにあたって、我々は日本が特殊で他とは異なるということを強調するのではなく、あくまでも世界の中の日本という肩肘を張らない形での解説につとめ、海外の人に親しんでもらえるよう心がけたいものです。日本の歴史の特殊性を、ビジネスなどのコミュニケーションにおける日本は特殊であるという言い訳に使わないよう、注意しましょう。

　本書では、そうした点を鑑みて、できるだけ世界史の中の日本という位置づけにも配慮しました。日本が欧米に認識されるようになった近現代以前の歴史においても、そのスタンスを敢えてとり、所々に世界史との比較も試みました。

　日本史が動いた背景となる歴史の舞台を解説しながら、面白く海外に日本を語る参考書として活用していただければ幸いです。

2010年雪を待ちながら那須高原にて
西海コエン

노하우가 필요합니다.

　일본 역사를 설명하는 데 단지 일본이 특수하고 다른 나라와는 다르다는 점을 강조할 것이 아니라 어디까지나 세계 속의 일본이라는 관점에서 알기 쉽게 풀어 설명함으로써 세계인에게 친숙하게 전달되도록 유념했으면 합니다. 일본 역사의 특수성을 내세워 비즈니스 등의 의사소통에서 일본이 특수하다는 식의 변명이 되지 않도록 주의해야겠습니다.

　이 책에서는 이와 같은 점을 감안해 세계사의 흐름 속에서 일본이 어떤 위치에 있었는지를 밝히는 데도 신경을 썼습니다. 일본이 구미에 알려지게 된 근현대 이전의 역사에 대해서도 그러한 입장에서 틈틈이 세계사와의 비교를 시도했습니다.

　일본사가 변화한 배경을 이루는 역사의 무대를 해설하면서 해외에 재미있게 일본을 알리는 참고서로서 이 책이 활용되기를 바랍니다.

　　　　　　　2010년 눈을 기다리며 나스 고원에서
　　　　　　　니시우미 고엔

目次

序文 …… 12
1. 邪馬台国 …… 26
2. 大和朝廷 …… 32
3. 飛鳥時代と大化の改新 …… 38
4. 天平文化 …… 48
5. 平安遷都 …… 54
6. 藤原氏と平安文化 …… 64
7. 源平から鎌倉へ …… 76
8. 元寇 …… 92
9. 太平記の時代 …… 98
10. 応仁の乱 …… 108
11. 戦国時代 …… 114
12. 信長・秀吉・家康 …… 124
13. 鎖国とキリスト教弾圧 …… 140
14. サムライと江戸 …… 152
15. 徳川幕府の衰退 …… 158
16. 黒船来航と安政の大獄 …… 168
17. 徳川幕府の終焉 …… 178
18. 明治維新 …… 188
19. 西南戦争と明治憲法 …… 198
20. 日清戦争と日露戦争 …… 210
21. 日韓併合 …… 224
22. 第一次世界大戦 …… 230
23. 関東大震災 …… 242
24. 満州事変 …… 248
25. 日中戦争とパールハーバー …… 258
26. 日本の降伏 …… 272
27. 占領下の日本 …… 278
28. 60年安保と高度成長 …… 292
29. 本当に平成なのか …… 304

차례

서문 ··· 13
1. 야마타이코쿠 ·· 27
2. 야마토 조정 ··· 33
3. 아스카 시대와 문화 개혁 ························· 39
4. 덴표 문화 ·· 49
5. 헤이안 천도 ··· 55
6. 후지와라씨와 헤이안 문화 ······················· 65
7. 겐페이 시대에서 가마쿠라 막부 시대로 ······ 77
8. 원구: 두 차례에 걸친 원나라의 일본 원정 ··· 93
9. 태평 시대 ·· 99
10. 오닌의 난 ··· 109
11. 전국 시대 ··· 115
12. 노부나가·히데요시·이에야스 ················ 125
13. 쇄국과 크리스트교 탄압 ························ 141
14. 사무라이와 에도 ·································· 153
15. 도쿠가와 막부의 쇠퇴 ··························· 159
16. 서양 함선의 내항과 안세이의 대옥 ········· 169
17. 도쿠가와 막부의 종언 ··························· 179
18. 메이지 유신 ·· 189
19. 세이난 전쟁과 메이지 헌법 ···················· 199
20. 청일전쟁과 러일전쟁 ···························· 211
21. 일본의 한국 식민지화 ··························· 225
22. 제1차 세계대전 ···································· 231
23. 간토 대지진 ·· 243
24. 만주사변 ·· 249
25. 중일전쟁과 진주만 ······························· 259
26. 일본의 항복 ·· 273
27. 점령하의 일본 ····································· 279
28. 1960년 안보와 고도성장 ························ 293
29. 헤이세이 시대는 정말로 평화로운 시대인가? ··· 305

序文

日本史の特徴は？

　日本は太平洋に面しています。そこには**黒潮**が流れ、湿った暖かい空気が流れ込みます。豊かな海洋資源とともに、この湿った暖かい空気は様々なメリットを日本にもたらします。

　地質学的には、**日本列島**は太平洋プレートの境界線あたりにある島国です。そのプレートがユーラシア大陸のプレートと衝突する衝撃から火山が活動し、時には地震が起こります。しかし、この火山による日本列島のミネラル豊富な土壌は、そこを巡る暖かい湿った空気の恵みが加わり、耕作にきわめて適した環境を育みます。

　また、日本はユーラシア大陸の**最東端**にあります。ユーラシア大陸で成長した民族は、まず地続きに拡大しま

서문

일본 역사의 특징은?

일본은 태평양에 면해 있습니다. 일본의 태평양 연안에는 **구로시오** 해류가 흐르며 온난다습한 공기가 유입됩니다. 풍부한 해양자원과 함께 바다에서 불어오는 온난다습한 공기는 여러 가지 이점을 가져다줍니다.

지질학적으로 **일본열도**는 태평양판의 경계선 부근에 있는 섬나라입니다. 태평양판이 유라시아 대륙의 지각판과 부딪쳐 그 충격으로 화산이 활동하고 때로는 지진이 일어납니다. 그러나 이 화산의 영향으로 미네랄이 풍부한 일본의 토양은 그곳을 순환하는 온난다습한 공기가 더해져 경작에 매우 적합한 환경을 육성합니다.

또 일본은 유라시아 대륙의 **최동단**에 있습니다. 유라시아 대륙에서 성장한 민족은 대체로 육로로 세력을 확대

す。従って、海によって隔てられた日本は、自らが求めない限り、人や文明が流入しにくい地勢にあったのです。

　すなわち、日本は**自給自足**が可能で、同時に他者からは侵略の意図を持たれにくい、豊かで平和な環境を約束された世界でも稀な場所なのです。しかも、南北アメリカ大陸のように、文明の大勢から隔絶された場所にあるわけでもありません。ちょっと手を伸ばせば、**四大文明**の1つである中国と交流ができ、さらに南からは黒潮に乗って、東南アジアやさらに遠方からの文明が到達することも可能でした。

　日本は、夏は太平洋の高気圧に覆われ、冬は大陸の高気圧の縁に位置します。従って、夏と冬の気象の違いが顕著で、その中間にある春と秋、そして季節の変わり目には大量の雨にも見舞われます。他の土地に比べ、労苦少なく**収穫**が可能な四季の変化があり、その変化に沿った生活習慣が培われます。

　日本と同じ島国であるイギリスと比較しても、日本と大陸との間には、ドーバー海峡よりは広い海があり、イギリスがローマやノルマン人によって国体が変わるまでに侵略されたことと比較すれば、日本がいかに安全な島であったかは一目瞭然です。日本は、自分からアピー

四大文明
エジプト(ナイル川)、メソポタミア(チグリス—ユーフラテス川)、インド(インダス川)、中国(黄河)の流域で起こった文明

합니다. 따라서 바다로 가로막혀 있는 일본은 스스로 찾아 나서지 않는 이상 사람과 문명이 유입되기 어려운 지세입니다.

즉, 일본은 **자급자족**이 가능하고 동시에 타자가 침략하기 힘든 곳이며 풍족하고 평화로운 환경을 약속받은 세계에서도 보기 드문 장소입니다. 그렇다고 해서 남북아메리카 대륙처럼 문명의 대세로부터 격절된 장소에 있는 것도 아닙니다. 조금 손을 뻗치면 **4대 문명**의 하나인 중국과 교류할 수 있고, 또 남쪽으로는 구로시오 해류를 따라서 동남아시아 등 멀리 남방 문명과 교류할 수 있었습니다.

4대 문명
이집트(나일 강), 메소포타미아(티그리스-유프라테스 강), 인도(인더스 강), 중국(황하) 지역에서 발생한 문명

일본은 여름에는 태평양 고기압의 영향을 받고 겨울에는 대륙성 고기압의 가장자리에 듭니다. 따라서 여름과 겨울의 기상 차이가 뚜렷하고 그 사이에 있는 봄과 가을, 그리고 계절이 바뀌는 시기에는 많은 비가 와 피해를 입습니다. 다른 토지에 비해 힘들이지 않고 **수확**할 수 있는 사계절의 변화가 있고 그 변화에 따라 생활 습관이 길러집니다.

일본과 마찬가지로 섬나라인 영국과 비교해도 일본과 대륙 사이에는 도버 해협보다 넓은 바다가 있고 영국이 로마인과 노르만인에 의해 국체가 바뀔 때까지 침략당한 사실과 비교하면 일본이 얼마나 안전한 섬인가는 일목요연합니다. 일본은 스스로 내세우지 않으면 자칫 잊힐 나

ルしない限り、ともすれば忘れ去られる国であり、そっとしておいてくれる**地勢**にある国なのです。ただ、その存在を誇示することが必要だと思うとき、日本という国家はときに挑発的、挑戦的になることもありました。

　これらが日本という島国の特徴です。この特徴によって育まれた日本人の行動様式が、日本の歴史を形作り、太古から現在までの様々な出来事や文化活動が綴られてゆくのです。

日本人の起源とは？

　日本人は、**単一民族**といわれます。しかし、その起源をたどれば、実に多様な人々が入り交じって、今の日本人へと変化してきたことがわかります。

　旧石器時代、日本がまだ日本となる前、日本列島は大陸とつながっていました。10万年以前に、既に人々は大陸から日本に移住し、日本各地に旧石器時代の痕跡を残しました。**氷河期**の末期、人々は現在のロシアから**樺太**を経由し、**陸路**で北海道までやってくることができました。**津軽海峡**には海があったとされていますが、現在よ

라이고 주위가 가만히 놓아둘 **지세**인 나라입니다. 다만 그 존재를 과시할 필요가 있을 때에 일본이라는 국가는 때로 도발적이고 도전적일 때도 있었습니다.

이런 것들이 일본이라는 섬나라의 특징입니다. 이 특징에 의해 다져진 일본인의 행동 양식이 일본의 역사를 만들고 태고에서 현재까지 여러 가지 사건과 문화 활동으로 이어져온 것입니다.

일본인의 기원이란?

일본인은 **단일민족**이라고 합니다. 그러나 그 기원을 거슬러 올라가보면 사실은 다양한 민족들과 결합해 지금의 일본인이 되었음을 알 수 있습니다.

구석기 시대에, 일본이 아직 일본이 되기 이전에 일본열도는 대륙과 연결되어 있었습니다. 10만 년 전에 이미 사람들은 대륙에서 일본으로 이주해 각지에 구석기 시대의 흔적을 남겼습니다. **빙하기** 말기에 사람들은 지금의 러시아에서 **사할린**을 경유해 **육로**를 통해 홋카이도로 건너왔습니다. **쓰가루 해협**에 바다가 있었다고 하지만 당시에는 지금보다 기온이 낮았고 해협이 좁아 겨울에는 얼어붙었습니다. 그래서 사람들은 북쪽 지방에서 지금의

りも低温だった当時、海峡は狭く、同時に冬には結氷します。北方から人々が現在の本州へ、さらに九州へと容易に移動できたのです。

また、朝鮮半島と九州とは陸続きではありませんが、そこにあったのは、当時の小さな舟でも充分に横断できるほどの海でした。さらに、ポリネシアや東南アジアには、原始の海洋民族であるラピタ人などが広く活動し、その一部が日本にやってきたのではとも考えられています。こうした人々が日本の旧石器時代の担い手だったのです。

ラピタ人の土器は縄文土器と似ていることからも、日本とのつながりを示すとする説もある

旧石器時代はおおよそ1万2000年前に終了します。その頃、氷河期が終わり、急激な温暖化がはじまります。海面は上昇し、北から、西から、そして南からやってきた人々は日本列島に取り残されます。彼らは狩猟や漁労により生活をし、各地に定住します。そして、**縄文土器**と呼ばれる縄目のついた独特の土器を生産し、集落を形成します。いわゆる縄文時代の始まりです。

縄文土器
縄でつけたような文様があることで縄文土器と称された

日本はこの縄文人の時に孤立した島国で、約1万年の長い年月の中で、次第に混ざり、日本人の**先祖**になっていったのでしょう。

縄文時代の後期である紀元前1000年前後には、再び寒

혼슈로, 다시금 규슈로 손쉽게 이동할 수 있었습니다.

또 한반도와 규슈 사이가 육로로 연결된 것은 아니지만 당시에는 작은 배로 충분히 건널 수 있는 바다였습니다. 더욱이 폴리네시아, 동남아시아에는 원시 해양 민족인 라피타이족 등이 넓은 지역에 걸쳐 활동했고 그중 일부가 일본으로 흘러들어온 것으로 추정됩니다. 이 사람들이 일본 구석기 시대의 주역입니다.

라피타이족의 토기가 조몬 토기와 비슷한 데서 일본과의 연관성을 보인다고 하는 설도 있다.

구석기 시대는 대략 1만 2,000년 전에 끝났습니다. 그 무렵 빙하기가 끝나고 급격히 기온이 올라갔습니다. 해면이 상승하고 북쪽과 서쪽, 그리고 남쪽에서 건너온 사람들은 일본열도에 머물렀습니다. 그들은 수렵과 어로 생활을 하고 각지에 정주했습니다. 그리고 **조몬 토기**라고 부르는 새끼줄 무늬가 새겨진 독특한 토기를 생산하고 집락을 형성했습니다. 이른바 조몬 시대가 열린 것입니다.

조몬 토기
줄로 새긴 듯한 문양이 있어 조몬 토기라고 칭했다

일본은 이 조몬 시대에 고립된 섬나라로서 약 1만 년에 이르는 기나긴 세월을 지나는 가운데 점차 혼성되어 일본인의 **선조**가 형성된 것으로 보입니다.

조몬 시대 후기인 기원전 1,000년 전후에는 다시 한랭기가 찾아옵니다. 이렇게 환경이 변화하는 무렵에 경작이 시작되었다고 합니다.

그러나 지금의 일본인이 형성되려면 다시 대륙으로부

冷期がおとずれます。この環境が変化した頃に、農耕も始まったといわれています。

しかし、現在の日本人が形成されるには、さらに大陸から新たな人々が流入してこなければなりません。それは、中国大陸、そして朝鮮半島からの、より高度な文明をもった人々のことを意味します。この新たな移民と、先住民であった縄文人との確執と融合の中から、現在の日本人が生まれてきたのではないかと思われます。単一民族とされてきた日本人は、実は多様な背景を持つ、**混血民族**だったのです。

弥生時代とは？

日本は、その長い歴史の中で、外から強い影響を受けた例外的な時期が何度かありました。しかも、その全ての「例外」が、その後の歴史の方向に大きな影響を与えています。

最初の例外は、紀元前200年前後にありました。その頃大陸では、中国に統一王朝が生まれようとしていました。西に興った秦が勢力を東に拡大したのです。東にあった多くの国が西への拡大の道を閉ざされるどころ

터 새로운 사람들이 유입되지 않으면 안 됩니다. 새로운 사람들은 중국 대륙과 한반도로부터 유입된, 한층 더 고도의 문명을 지닌 사람들을 의미합니다. 이 새로운 이주민과 선주민인 조몬인이 갈등하고 융합을 겪는 가운데 지금의 일본인이 생겨난 것으로 추측됩니다. 일본인은 단일민족으로 간주되었지만 사실은 다양한 배경을 지닌 **혼혈 민족**이었던 것입니다.

야요이 시대란?

일본은 긴 역사 속에서 외부의 강한 영향을 받은 적이 예외적으로 몇 차례 있습니다. 그렇지만 그 모든 '예외'가 향후의 역사 방향에 큰 영향을 주었습니다.

최초의 예외는 기원전 200년 전후에 있었습니다. 그 무렵 대륙에서는 중국의 통일 왕조가 형성되고 있었습니다. 서쪽에서 일어난 **진나라**가 세력을 동쪽으로 확대한 것입니다. 동쪽에 있는 많은 나라들이 서쪽으로 뻗어 나갈 길을 차단당하고 압박을 받아 진나라에 의해 멸망했습니다. 이것은 기원전 230년 무렵에서 10년도 채 안 되는 단기간에 일어난 일이었습니다. 이처럼 단기간에 **한· 위· 조· 제· 초· 연나라**는 모두 문화가 발달한 나라들

秦(진) BC778〜BC206
韓(한) BC403〜BC230
魏(위) BC403〜BC225
趙(조) BC403〜BC228
斉(제) BC386〜BC221
楚(초) ?〜BC223
燕(연) BC11世紀〜BC222

か、圧迫され、秦によって駆逐されます。これは、紀元前230年あたりから10年にも満たない短期間に起きたことなのです。そんな短期間に**韓、魏、趙、斉、楚、燕**といった文化の発達した国が次々と滅びました。

当然多くの人々が祖国を離れ亡命をはかったに違いありません。彼らは朝鮮半島を経由し、あるいは直接海を渡って、日本にもやってきました。卓越した技術をもって日本に上陸し、縄文人とも混ざり、時には駆逐してゆきます。

少数の民族が大多数の先住民を駆逐した事例は、世界のあちこちにあります。16世紀の南米で、たった168名の兵力で**インカ帝国**を打ち破ったスペイン人のように、圧倒的に進んだ兵器のみならず、その土地にはない免疫力をもった他の大陸からの渡来人がもたらした伝染病も強力な武器であったかもしれません。少数の**渡来人**が、縄文人とその文化を駆逐することは、さほど困難なことではなかったはずです。

この渡来人、渡来人と縄文人の混血、そして渡来人のもたらした文化の影響を受けた縄文人の3者が一体となって、日本に新たな**農耕文化**を拓くのです。それが弥生時代でした。

이었지만 연달아 멸망했습니다.

당연히 많은 사람들이 조국을 떠나 망명을 시도했습니다. 그들은 한반도를 경유하거나 혹은 직접 바다를 건너 일본으로 왔습니다. 탁월한 기술이 있었던 이들은 일본에 상륙해 조몬인과 융화되기도 하고 때로는 조몬인을 몰아내기도 했습니다.

소수민족이 대다수의 선주민을 몰아낸 사례는 세계 도처에 있습니다. 16세기 남미에서 겨우 168명의 병력으로 **잉카 제국**을 타도한 스페인의 예처럼, 월등한 파괴력을 지닌 병기 이외에도 타 대륙에 살던 외지인이 몰고 온 전염병은 면역력이 없는 사람들에게는 강력한 무기로 작용했을 것입니다. 소수인 **이주민**이 조몬인과 그들의 문화를 몰아내는 일은 그리 힘들지 않았을 것입니다.

이들 이주민, 이주민과 조몬인의 혼혈, 이주민의 문화에 영향을 받은 조몬인이 삼위일체가 되어 일본에 새로운 **농경문화**를 개척했습니다. 그것이 야요이 시대였습니다.

이주민은 일본에 **청동기**와 **철기**를 들여왔습니다. 기원전 200년경 무렵에서 400년 사이에 이런 새로운 공구와 무기, 농기구에 힘입어 **벼농사**가 발전하고 일본 각지에서 마을이 생겨나 이윽고 국가가 형성됩니다.

중국에서는 진나라에 이어 한나라가 일어나 중국 전역

前漢(전한) BC206~208
後漢(후한) 25~220

　渡来人は、日本に**青銅器**や**鉄器**を持ち込みます。紀元前200年頃から400年の間に、こうした新しい工具や武器、農工具に支えられ、**稲作**が発展し、日本のあちこちで村ができ、やがて国家を形成します。

　中国では秦のあと漢が興り、中国の広大な地域を版図にもちます。漢は1度滅びた後に再興されるので、最初の王朝を**前漢**、後の王朝を**後漢**と呼びます。日本に新たに生まれた国家の王は、時には漢を訪ね、漢の皇帝からその国を統治するための「おすみつき」をもらいます。国王が渡来人であれば、まさに先祖のいた故郷に錦を飾ったわけです。弥生時代にはそうした日本初の外交活動も行われていたのです。

弥生式土器(야요이 식 토기)

으로 세력 범위를 확대했습니다. 한나라는 한 차례 멸망했다가 다시 일어났으므로 최초의 왕조를 **전한**, 뒤의 왕조를 **후한**이라고 부릅니다. 일본에서 새롭게 생겨난 국가의 왕은 한나라를 방문해 한나라의 황제로부터 그 나라를 통치하기 위한 '추인권력이나 권위가 있는 사람으로부터 부여받는 보증'을 받았습니다. 국왕이 이주민인 경우는 그야말로 금의환향하는 귀국길이었습니다. 야요이 시대에는 이런 일본 최초의 외교 활동도 이루어졌습니다.

터닝 포인트 I 邪馬台国

日本での国家形成の過程とは？

　弥生時代に形成された無数の国家は、融合と分離を繰り返しながら、次第により大きな権力によって統合されてゆきます。

　前漢の歴史書である『漢書』には、それらの国の使節が漢を訪ねてきていることが記されており、後漢の歴史書である『後漢書』にも、西暦57年に奴国という国が、日本から使節を送り、後漢の初代の皇帝である光武帝は、その使節に**金印**を与えたと記しています。この金印は、後に福岡の志賀島で発見され、その歴史書の記述が事実であることが証明されました。その後、西暦107年には帥升という王も朝貢してきたと記されています。

漢倭奴国王の金印
(한나라의 광무제가 왜국의 나코쿠 국왕에게 보낸 금인)

帥升
弥生時代中〜後期の倭国の王。外国史書に名の残る最初の人物

야마타이코쿠

일본에서 국가가 형성된 과정은?

야요이 시대에 형성된 수많은 국가들은 융합과 분열을 반복하면서 차츰 더 큰 권력으로 통합되어갔습니다.

전한의 역사서인 『한서』에는 이들 국가의 사절이 한나라를 방문한 것으로 기록되어 있고, 후한의 역사서인 『후한서』에도 서기 57년에 일본의 나코쿠에서 사절을 파견해 후한의 초대 황제인 광무제가 그 사절에게 **금인**을 하사했다는 기록이 있습니다. 이 금인은 후에 후쿠오카 시가노시마에서 발견됨으로써 역사적 기술이 사실로 입증되었습니다. 그 후 서기 107년에는 스이쇼라는 왕이 조공을 바쳤다는 기록도 있습니다.

한나라는 중국을 통일하자 한반도까지 세력을 뻗쳐 한반

스이쇼
야요이 시대 중후기 왜국의 왕. 외국 역사서에 이름이 남아 있는 최초의 인물

楽浪郡
朝鮮半島北部に存在した中国王朝の郡県。BC108〜313

　漢は、中国を統一すると、朝鮮半島にも勢力を伸ばし、朝鮮半島北部に**楽浪郡**という行政区を設置しました。当然、楽浪郡は、中国文明の朝鮮半島や中国東北地方への輸出拠点にもなり、その影響は日本へも届きます。

　やがて、後漢も終わりに近づき、中国の国内が混乱してくると、楽浪郡も当時中国東北部で権勢をふるっていた公孫氏（こうそんし）が実質上統治することになり、公孫氏は後漢を滅ぼした魏に帰属しながらも、そこで長年に亘って権勢を振るいます。公孫氏は、そのころ楽浪郡の南部を分けて、**帯方郡**（たいほうぐん）として統治していました。魏に帰属した公孫氏は、この帯方郡を拠点として、朝鮮半島南部や日本に向けた軍事外交の役割を担ってゆきます。

帯方郡
朝鮮半島中西部に存在した中国王朝の郡県。204〜313

　そんな帯方郡にやってきた日本の使節がありました。西暦239年のことです。その使節は邪馬台国の**卑弥呼**という女帝の使節で、日本を代表する国の使節として待遇され、金印と**銅鏡**が授けられました。そして、翌年には返礼使が卑弥呼の元を訪ねます。正式な外交関係が樹立されたわけです。この記録は、『**魏志倭人伝**』という中国の歴史書の中に記されています。それ以前の『後漢書』によれば、卑弥呼が出現する以前、日本は大乱があったようです。それが何を意味するのかは不明ですが、様々な権

魏志倭人伝
中国の『三国志・魏志』にある「東夷伝ー倭」の項に、邪馬台国など日本の風俗、地理などについてまとめて記したもの

도 북부에 **낙랑군**이라는 행정구역을 설치했습니다. 당연히 낙랑군은 중국 문명을 한반도와 중국 동북 지방으로 수출하는 거점이 되었고 그 영향은 일본에까지 미쳤습니다.

이윽고 후한도 최후가 가까워져 중국의 국내가 혼란해지자, 당시 중국 동북부에서 권세를 떨치던 공손씨가 낙랑군을 사실상 통치하게 되었습니다. 공손씨는 후한을 멸망시킨 위나라에 귀속되지만 그곳에서 오랜 기간에 걸쳐 권세를 떨쳤습니다. 공손씨는 그 무렵 낙랑군의 남부를 분리해 **대방군**이라 칭하고 통치했습니다. 위나라에 귀속된 공손씨는 이 대방군을 거점으로 하여 한반도 남부와 일본을 상대로 군사 외교 역할을 수행해나갔습니다.

그러한 대방군을 방문한 일본 사절이 있었습니다. 서기 239년의 일입니다. 그 사절은 야마타이코쿠의 **히미코**라는 여제가 보낸 사절로 일본을 대표하는 국가 사절의 대우를 받았고 금인과 **청동거울**을 하사받았습니다. 그리고 다음해에는 답례 사절이 히미코 여제를 방문했습니다. 정식으로 외교 관계가 수립된 것입니다. 이 기록은 『**위지왜인전**』이라는 중국의 역사책에 기록되어 있습니다. 이보다 이전의 『후한서』에 따르면 히미코가 출현하기 이전에 일본에는 대란이 있었다고 합니다. 그것이 무엇을 의미하는가는 분명하지 않지만 여러 차례의 권력투쟁 속

낙랑군
한반도 북부에 있었던 중국 왕조의 군현. 기원전 108~ 313.

대방군
한반도 중서부에 있었던 중국 왕조의 군현. 204~313

위지왜인전
중국의 『삼국지·왜지』에 있는 '동이전·왜'의 항목에 야마타이코쿠 등 일본의 풍속, 지리 등에 대해 모아 기록한 것

力闘争の中で、次第に日本が卑弥呼に率いられる邪馬台国のような大きな国家に統合されてきたことを暗示しているようです。

　邪馬台国が、その後の統一王朝である**大和朝廷**を意味するのか、それとも別の国家なのか、また邪馬台国が大陸に近い九州にあったのか、畿内にあったのか意見が分かれます。しかし、最近奈良県で邪馬台国の遺跡ではと思われる大きな**遺構**がみつかり、邪馬台国が日本の統一にそのままつながる王朝であったのではと推測されるようになりました。日本を代表する国家の誕生です。

에서 점차 일본이 히미코가 이끄는 야마타이코쿠라는 큰 국가로 통합되었음을 암시합니다.

　야마타이코쿠가 그 후의 통일 왕조인 **야마토 조정**을 의미하는지 아니면 다른 국가인지, 혹은 야마타이코쿠가 대륙과 인접한 규슈에 있었는지 오늘날의 교토 부근에 있었는지 의견이 분분합니다. 그러나 최근 나라 현에서 야마타이코쿠의 유적으로 보이는 큰 **유구**가 발견됨으로써 야마타이코쿠가 일본 통일로 곧바로 연결되는 왕조로 추측되었습니다. 즉, 일본을 대표하는 국가의 탄생입니다.

터닝 포인트 2

大和朝廷

　倭人の「倭」は、大和の「和」に通じます。倭が朝廷をもったとき、中国にまねて倭[和]の前に「大」の字をつけて、大和としたのかもしれません。ただ読み方の「やまと」は、古くから**奈良盆地**周辺にあった名前で、それにこの漢字をあてて表記したわけです。いずれにしろ、中国側は、古代日本を記述するときに常に倭の文字を使い、倭国とか倭国王というふうに表現しています。

　邪馬台国と大和朝廷との関連は不明です。邪馬台国が大和朝廷の前身であるという説と、そうでないという説と、どちらにも軍配はあがっていません。

　実際は、豪族たちの共通の利権である朝鮮半島南部への対応や、対外的な軍事や外交の必要性にあたって、最

大和朝廷
古代日本の最初の統一国家。4世紀の中ごろまでには中部から北九州までを統一し、その後、関東・東北へと勢力をのばしたと考えられる

야마토 조정

왜인의 '왜(倭)'는 야마토의 '화(和)'와 상통합니다. 왜가 조정을 갖추자 중국을 본떠서 왜[화] 앞에 '대(大)' 자를 붙여 야마토라고 했을지 모릅니다. 다만 '야마토'라는 명칭은 예로부터 **나라 분지** 주변에 있었던 이름으로 그것에 야마토라는 한자를 취음자로 따서 표기한 것입니다. 어쨌든 중국 측은 고대 일본을 기술하는 데 늘 왜라는 문자를 사용했고 왜국이나 왜국 왕과 같은 식으로 표현했습니다.

야마타이코쿠와 야마토 조정의 관계는 알 수 없습니다. 야마타이코쿠가 야마토 조정의 전신이라는 설과 그렇지 않다는 설이 있지만 어느 쪽인지 확실치 않습니다.

실제로 호족들은 공통된 이권인 한반도 남부에 대한 대응과 대외적인 군사·외교의 필요성 때문에 가장 유력한

야마토 조정
고대 일본의 최초 통일국가. 4세기 중엽까지는 중부 지방에서 북규슈 지방까지를 통일했고 그후 간토·도호쿠 지방으로 세력을 넓힌 것으로 추측된다

も有力な豪族が覇王として彼らを従え、その覇王が大和の政権を担ったのではないかと思われます。初期の大和朝廷は、豪族の連合体だったのでしょう。

　この時代は、神話の時代です。『**古事記**』や『**日本書紀**』といった奈良時代に記された神話や伝説に、中国の文献や発掘された資料を加え、当時の状況を推理するしかありません。特に、西暦266年以降、150年に亘って、中国の史書から日本の記述が消えていることが、ますますこの時代を闇の中に閉じ込めます。

　しかし、3世紀から5世紀にかけて、日本各地で**古墳**が建造され、特に畿内では仁徳天皇陵に代表されるような、巨大な古墳が残っていることから、この時期に急速に大和朝廷の権限が強化されてきたのではないかと思われます。

　彼らの国家形成に大きな役割を担ったのが、朝鮮半島から、あるいは中国から移住し帰化した渡来人、すなわち帰化人たちでした。彼らのもたらす中国などの進んだ制度や法律についての知識、そして軍事や土木技術などが国家建設に大きな役割を担ったことはいうまでもありません。朝鮮半島の不安定な政治状況に加え、中国も国が南北に分断され、北方民族に蹂躙されていた時代が、

호족을 패왕으로 삼아 추종했으며 그 패왕이 야마토의 정권을 잡았던 것으로 여겨집니다. 초기 야마토 조정은 호족의 연합체였습니다.

이 시대는 신화의 시대입니다. **『고사기』**와 **『일본서기』**라고 하는 나라 시대에 기록된 신화와 설화를 기초로, 중국 문헌과 발굴된 자료를 종합해 당시 상황을 추리하는 수밖에 없습니다. 특히 서기 266년 이래 150년간 중국의 역사서에서 일본에 대한 기술을 찾아볼 수 없어 한층 더 이 시대는 어둠 속에 묻혀 있습니다.

그러나 3세기에서 5세기에 걸쳐 일본 각지에서 **고분**이 만들어졌고, 특히 교토 부근에 닌토쿠 천황릉과 같은 거대한 고분이 남아 있는 것으로 보아 이 시기에 급속도로 야마토 조정의 권한이 강화된 것으로 보입니다.

그들의 국가 형성에 큰 역할을 담당한 것이 한반도와 중국에서 이주해 귀화한 이주민, 즉 귀화인들이었습니다. 그들이 가져온 중국 등의 선진 제도와 법률에 대한 지식, 그리고 군사와 토목 기술 등이 국가 건설에 큰 역할을 담당한 것은 두말할 것도 없습니다. 한반도의 정치 상황이 불안정했고 중국도 남북으로 분단되어 북방 민족에 유린당하고 있던 시대여서 수많은 귀화인이 생겨났습니다. 그리고 5세기 무렵에 야마토 조정의 힘은 규슈에서 간토

こうした大量の帰化人をうみだしたのです。そして5世紀ごろには、大和朝廷の力は九州から関東一円に及ぶようになっていました。時には武力で豪族を駆逐していた様子が、『日本書紀』などの記述からも推測できます。

　そしてその頃、再び中国の歴史書に、**倭の五王**が朝貢してきたことが記されています。当時は、朝鮮半島では**高句麗**がますます南部の国々を圧迫し、半島での倭人の利権も脅かされていた時代です。豪族とのバランスの上に成立した**大和政権**は、内外に向けた困難なかじとりに直面していたのです。

五王とは　讃、珍、済、興、武の5人を指す

지방 일대에까지 영향을 미쳤습니다. 때때로 무력으로 호적을 축출하는 모습은 『일본서기』 등의 기록에서도 미루어 짐작할 수 있습니다.

그리고 그 무렵 다시금 중국 역사서에 **왜의 다섯 왕**이 조공을 바쳐왔다고 기록되어 있습니다. 당시 한반도에서는 **고구려**가 점차 남쪽 지방의 국가들을 압박해 한반도에 대한 왜인의 이권도 위협받고 있던 시대입니다. 호족 사이의 균형을 중시해 성립된 **야마토 정권**은 국내외로 헤쳐 나가기 힘든 국면에 처해 있었습니다.

다섯 왕은 찬·진·제·흥·무의 다섯 명을 가리킨다(통설에 따르면 찬은 닌토쿠 천황, 진은 한제이 천황, 제는 인교 천황, 흥은 안코 천황, 무는 유랴쿠 천황을 이른다)

3 飛鳥時代と大化の改新

터닝 포인트

飛鳥文化とは？

飛鳥文化は日本最古の仏教文化です。

中国が長い混乱から蘇生し、300年以上の乱世に終止符を打ったのは西暦589年のことでした。**隋の中国統一**です。中国の風船は再び膨らみはじめました。周辺の国々は、強大な統一王朝となった隋の脅威を受けることになります。そんな隋と積極的に交流しようとしたのが日本でした。

当時まだ日本は倭国と呼ばれていました。倭国は、隋が高句麗と対立していることを察知したのか、すぐに隋に遣隋使を送り、友好関係を求めようとしました。607年に小野妹子を大使として、**遣隋使**を送ったのが、欽明

飛鳥寺の飛鳥大仏
(奈良県)
아스카테라의 아스카 다이부쓰(나라 현)

遣隋使
日本の記録では、推古天皇時代 607年、608年、614年の3回送られている

아스카 시대와 문화 개혁

아스카 문화란?

아스카 문화는 일본에서 가장 오래된 불교 문화입니다.

중국이 오랜 혼란으로부터 소생해 300년 이상의 난세에 종지부를 찍은 것은 서기 589년이었습니다. **수나라**의 중국 통일입니다. 중국이라는 풍선은 다시 부풀어 올랐습니다. 주변 국가들은 강대한 통일 왕조가 된 수나라의 위협을 받게 됩니다. 그런 수나라와 적극적인 교섭을 시도한 것이 일본이었습니다.

당시 여전히 일본은 왜국으로 불리고 있었습니다. 왜국은 수나라와 고구려가 대립하고 있는 사실을 알고 바로 수나라에 견수사를 보내 우호 관계를 청했습니다. 607년에 오노노 이모코를 대사로 임명해 **견수사**로 보낸 이가

견수사
일본의 기록에서는 스이코 천황 시대에 607년, 608년, 614년 3차례 파견되었다

天皇の孫にあたる**聖徳太子**です。

　物部氏と蘇我氏との仏教の取り扱いを巡る争いは、蘇我氏が物部氏を抑え、落着したかにみえました。元々蘇我氏は、渡来人の子孫ではという説もあるほど、百済からの帰化した人々とつながりが深く、そうした意味からも朝廷の祭祀を司り、国内の伝統を重んじる物部氏などと対立していたわけです。物部氏との紛争に勝利したあと、蘇我氏は彼らと対立した崇峻天皇を暗殺し、自らの息のかかった推古天皇を擁立するなど、一族による朝廷支配を進めます。その時代に**推古天皇の摂政**として政務をみたのが聖徳太子でした。

　彼が実際にどこまで多くの仕事をしたかは、最近になって疑問とする見解も多く発表されています。しかし、**蘇我氏と血縁もある強いつながりの中で、仏教の伝播に努め、位階の制度を整え、日本最古の法令である十七条憲法を設定した**ことはよく知られています。聖徳太子は、斑鳩(いかるが)に住み、仏教の教えについての思索に耽ったと後世には伝えられていますが、その真偽はわかりません。ただ、後の政権が、仏教を柱に中央集権国家を造ろうとしたことで、聖徳太子を聖人としなければならない理由があったことは事実でしょう。

긴메이 천황의 손자인 **쇼토쿠 태자**입니다.

불교 정책을 둘러싼 모노노베씨와 소가씨의 싸움은 소가씨가 모노노베씨를 눌러 일단락된 듯이 보였습니다. 본래 소가씨는 이주민의 자손이라는 설이 있을 정도로 백제에서 건너와 귀화한 사람들과 유대가 깊었으며 그런 의미에서 조정의 제사를 관장하고 국내의 전통을 중시하는 모노노베씨 등과 대립하고 있었습니다. 모노노베씨와의 분쟁에서 승리한 다음에 소가씨는 그들과 대립한 스슌 천황을 암살하고 자신의 입김이 닿는 스이코 천황을 옹립하는 등 일족에 의한 조정 지배를 실시합니다. 그 시대에 **스이코 천황의 섭정**으로 정무를 담당한 이가 쇼토쿠 태자였습니다.

그가 실제로 얼마만큼 많은 일을 했는가에 대해 최근 들어 의문을 제기하는 견해도 많이 발표되었습니다. 그러나 **소가씨**와 혈연관계로 맺어진 강한 유대 관계 속에서 **불교 전파**에 힘쓰고 **위계 제도**를 정립해 일본에서 가장 오래된 법령인 **17조 헌법**을 제정한 일은 유명합니다. 쇼토쿠 태자는 이카루가^{현재의 나라}에 살며 불교의 가르침에 젖어 사색을 즐겼다고 후세에 전해지고 있지만 그 진위는 알 수 없습니다. 다만 뒤를 이은 정권이 불교를 중심으로 한 중앙집권 국가를 세우고자 했으므로 쇼토쿠 태자를 성

法隆寺(奈良県)
호류지(나라 현)

エンタシス
古代ギリシャの建築方法。円柱を下部から上部にかけて徐々に細くすることで、柱を下から見上げるとまっすぐに安定して見える

聖徳太子が607年に斑鳩に建立した**法隆寺**には、世界最古の木造建築群が含まれています。そこの柱にはギリシャ建築の名残ともいえるエンタシス様式がみられ、遠くシルクロードを経由して中国に至った西洋文明の一部をここに見ることができるのです。金堂に安置される**釈迦三尊像**の笑みにも、ギリシャ彫刻の影響があるとされています。

これらは、アレキサンダー大王のインドへの遠征のあと、中央アジアに残ったギリシャ文化がその後中国を経由して渡来人によって日本にもたらされたものです。飛鳥文化は、古代世界の流れを呼吸した、希有な文化なのです。

大化の改新とはどんな改革か？

聖徳太子は622年に世を去ります。聖徳太子は、蘇我氏の血縁の太子として、蘇我氏にも影響力がありました。彼の死後、聖徳太子の息子であるとされる山背大兄王(やましろのおおえのおう)の皇位継承問題が持ち上がります。蘇我氏の中でも、山背大兄王を支持する人もいたようですが、蘇我氏の最有力者であった蘇我蝦夷から家督をついだ蘇我入鹿が王子と

인으로 만들 수밖에 없는 이유가 있었을 것입니다.

쇼토쿠 태자가 607년에 이카루가에 건립한 **호류지** 사원에는 세계에서 가장 오래된 목조건축군이 포함되어 있습니다. 기둥에는 그리스 건축의 흔적이라 할 수 있는 엔타시스 양식이 보이며 멀리 실크로드를 경유해 중국에 들어온 서양 문명의 일부를 이곳에서 볼 수 있습니다. **금당**에 안치된 **석가삼존상**의 미소도 그리스 조각의 영향을 받은 것으로 알려져 있습니다.

엔타시스
고대 그리스의 건축 방법. 기둥을 하부에서부터 상부로 점차 좁아지게 함으로써 기둥을 밑에서 올려 보았을 때 똑바로 안정되어 보인다

이는 알렉산더 대왕의 인도 원정 후 중앙아시아에 남아 있던 그리스 문화가 그 후에 중국을 경유해 이주민에 의해서 일본에 들어온 것입니다. 아스카 문화는 고대 세계의 흐름과 조화를 이룬 보기 드문 문화입니다.

다이카 개신은 어떤 개혁인가?

쇼토쿠 태자는 622년에 세상을 떠났습니다. 쇼토쿠 태자는 소가씨와 혈연관계에 있는 태자였고 소가씨에 영향력도 있었습니다. 그의 사후 쇼토쿠 태자의 아들인 야마시로 오에 왕의 황제 즉위를 둘러싸고 계승 문제가 대두되었습니다. 소가씨 중에서 야마시로 오에 왕을 지지하는 사람도 있었던 것 같지만 소가씨의 최고 유력자인 소가

対立し、ついに入鹿は王子を追いつめ自殺させます。

そんな蘇我氏の横暴に対して、後の天智天皇である中大兄皇子（なかのおおえのおうじ）が仲間と共にクーデターを起こし、蘇我蝦夷、入鹿親子を殺害します。そして政権を掌握した後に行われた大改革が、大化の改新です。西暦645年のことでした。

しかし、この話は、後年に時の政府の指示で記された歴史書である『日本書紀』に基づいたもので、大化の改新に関わった人々の役割や背景がどうであったか、また専横の限りをつくした蘇我氏とそれを排除しようする皇族との争いという構図が、必ずしも正しくはなかったのではないかという疑問は残ります。

ただ、大化の改新後の国の制度をみると、明らかにそれ以前より中国の政治制度が取り入れられていることが認められます。

まず、大化という日本初の元号が使われ、租庸調という租税制度が制定されます。税制を運用するために、豪族の土地も含め、全ての土地を天皇の所有とし、**戸籍調査**の上で改めて元の所有者に貸し付ける公地公民制度、そして班田収受の制度が実施されます。国は、**郡**や県に分けられ、天皇が一括して統治します。

この制度改革は、豪族の連合体であった朝廷にとって

에미시의 장남 소가 이루카가 왕자와 대립해 결국에는 왕자를 궁지에 몰아넣어 자살에 이르게 했습니다.

그런 소가씨의 횡포에 대항해 뒤에 텐지 천황에 오르는 나카노 오에 황자가 동료들과 함께 쿠데타를 일으켜 소가 에미시와 이루카 부자를 살해했습니다. 그리고 정권을 장악한 후에 실행한 대개혁이 다이카 개신입니다. 서기 645년의 일입니다.

그러나 이 이야기는 훗날 당시 정부의 지시로 기록된 역사서인 『일본서기』에 따른 것이므로 다이카 개신에 연루된 사람들의 역할이나 배경이 어떠했는지, 또 전횡만을 일삼던 소가씨와 그것을 배제하고자 한 황족의 싸움이라는 구도가 반드시 옳은 것인가 하는 의문이 남습니다.

다만 다이카 개신 후의 국가 제도를 보면 이전보다 적극적으로 중국의 정치제도가 도입된 것은 틀림없습니다.

우선 다이카라는 일본 최초의 연호가 사용되었고 조용조라는 조세 제도가 제정되었습니다. 세제를 운용하기 위해 호족의 토지를 포함한 모든 토지를 천황의 소유로 삼고 **호적조사**를 실시해 다시 원래 소유자에게 빌려주는 공지공민 제도, 그리고 반전수수법_{일정한 기준에 따라 반전을 지급하고 사망 시 다시 거둬들이는 제도}이 실시되었습니다. 국가는 **군**과 **현**으로 분리되어 천황이 일괄 통치했습니다.

は簡単なものではなかったはずです。そして、こうした改革の背景には、聖徳太子が派遣した遣隋使の影響が否めません。隋に渡って、隋が滅亡し、618年に**唐**が建国される様子を目の当たりにした、南淵請安などが帰国し、中国で学んだ合理的な制度を日本に伝えようとし、若き皇族や有力者の青年などがそこに学びました。

これはある意味で、当時の明治維新ともいえるでしょう。

その頃、日本は朝鮮半島を通した中国や高句麗の脅威に晒されていました。それまでは、朝廷の力で倭人として中国とも対抗できると思っていたはずです。しかし、中国に統一王朝が生まれ、その進んだ文明に触れた彼らは、まず国を整え、大陸文化を改めて学ぶことの重要性を直感したはずです。

そうした、新しい政治の動きが大化の改新へと繋がったのではないでしょうか。そんな改革の障壁の象徴として、大豪族の蘇我氏がいたのかもしれません。

南淵請安
飛鳥時代の学問僧。隋へ留学し、滞在中に隋の滅亡(618年)から唐の建国の様子を見る。640年に帰国

이 제도 개혁은 호족 연합체로 이루어진 조정인 만큼 간단한 개혁이 아니었을 것입니다. 그리고 이런 개혁의 배경에는 쇼토쿠 태자가 파견한 견수사의 영향을 부정할 수 없습니다. 수나라에 건너갔다가 수나라가 멸망하고 618년에 **당나라**가 건국되는 광경을 지켜본 미나부치노 쇼안이 귀국해 중국에서 배운 합리적인 제도를 일본에 전했고 젊은 황족과 유력자 청년 등은 거기에서 배움을 얻었습니다.

이는 어떤 의미에서는 당시의 메이지 유신이라 할 만합니다.

그 무렵 일본은 한반도를 통한 중국과 고구려의 위협에 노출되어 있었습니다. 그때까지의 왜인이라면 조정의 힘을 내세워 중국에 대항할 수도 있었을 것입니다. 그러나 중국에 통일 왕조가 세워지고 그 선진 문명을 접한 이들은 우선 국가를 정비하고 대륙 문화를 올바로 익히는 일의 중요성을 직감했을 것입니다.

그와 같은 새로운 정치적 움직임이 다이카 개신으로 이어진 것입니다. 그러한 개혁의 장벽이 된 것이 대호족인 소가씨였을 것입니다.

미나부치노 쇼안
아스카 시대의 승려. 수나라에 유학해서 머무는 동안 수나라의 멸망(618년)에서부터 당나라가 건국되기까지 과정을 지켜본다. 640년에 귀국

터닝 포인트 4 天平文化

　当時、世界的にみれば、東アジアでは唐が最盛期を迎え、版図は中央アジアに及んでいます。その西にはもう1つの世界帝国であるイスラム帝国がありました。広大な版図をもつこの2つの帝国によって、国と国との通行に自由と安全が保障され、文物の行き来が旺盛になります。

　日本のお隣では、**新羅**(しらぎ)が朝鮮半島を統一し、滅亡した高句麗の人々は、北に逃れ、現在のロシア沿岸部に**渤海**(ぼっかい)を建国します。唐の繁栄のもと、東アジア一帯は久しぶりに戦争のない時代となったのです。

　日本は、当時唐とも渤海とも交流していました。新羅とは緊張関係にありながらも、商業的な行き来は活発だったようです。こうした交流の中、際立っていたのが

渤海
満州から朝鮮半島北部ロシアの沿海地方にかけて領域とした国家。698〜926

덴표 문화

　당시 세계적으로 볼 때, 동아시아에서는 당나라가 전성기를 맞이해 그 영토가 중앙아시아까지 달했습니다. 서쪽에는 또 다른 세계 제국인 이슬람 제국이 있었습니다. 광대한 영토의 두 제국이 이어져 있어 국가 간의 통행에도 자유와 안전이 보장되고 문물의 왕래가 왕성해졌습니다.

　일본의 주변국에서는 **신라**가 한반도를 통일하자 멸망한 고구려인들이 북쪽으로 도주해 지금의 러시아 연안 지방에 **발해**를 건국했습니다. 당나라의 번영하에 동아시아 일대는 모처럼 전쟁이 없는 시대를 맞이했습니다.

　일본은 당시 당나라와 발해 양국과 모두 교류했습니다. 신라와는 긴장 관계를 유지하면서도 상업적인 왕래

발해
만주에서 한반도 북부, 러시아 연해주에 걸친 영역을 이룬 국가. 698~926

頻繁に派遣された遣唐使です。多くの学生や僧侶が唐に学び、唐のみならず、唐が吸収していた西域、さらに遠くイスラム世界などの知識が彼らと共に日本に伝わりました。奈良にその頃に建てられた**正倉院**には、当時日本にもたらされたペルシャの器などが保管されています。古代から中世にかけての東西交流の道は、**シルクロード**として世界的に有名ですが、日本はその東の終点となっていたのです。天平とは、そんな奈良時代の最も充実した729年から749年までの元号です。時の天皇は、聖武天皇でした。しかし、天平文化は、平城京を中心とした奈良時代の文化全体を指しています。

　それは、長い日本の歴史の中でも、グローバルな風を胸一杯呼吸した希有な文化であり、世界的に見れば、当時の東アジア文明のひとつの結晶でした。

　現存する奈良時代前半に完成した**薬師寺の東塔**のリズミカルなデザインを、明治時代に日本文化の保護に奔走したアメリカの学者フェノロサは、凍れる音楽と表現しました。その後、日本中に国分寺という寺院をおき、仏教をもって国を統治しようとした聖武天皇が**東大寺**を建立しました。大仏として知られる**盧舎那仏**がその本尊です。752年に大仏は完成したました。さらに、興福寺を

> **正倉院宝庫**は木造校倉作りの倉庫で、宝物9000点以上を納めている

는 활발했던 것 같습니다. 이런 교류 속에서 눈에 띄는 점은 빈번하게 파견된 견당사입니다. 많은 학생과 승려가 당나라에서 배우고, 당나라뿐 아니라 당나라가 받아들인 서역, 나아가 멀리 이슬람 세계 등의 지식이 견당사들로부터 일본에 전해졌습니다. 그 무렵에 창고 건물로 건축된 나라 지방의 **쇼소인**에는 당시 일본에 전해진 페르시아 접시 등이 보관되어 있습니다. 고대에서 중세에 걸쳐 동서 교류의 길로는 **실크로드**가 세계적으로 유명했고 일본은 그 동쪽 종착지였습니다. 덴표란 그와 같은 나라 시대의 가장 전성기였던 729년에서 749년까지 사용된 연호입니다. 당시의 천황은 쇼무 천황이었습니다. 대개 덴표 문화라고 하면 헤이조쿄^{나라의 도읍지}를 중심으로 한 나라 시대의 문화 전체를 가리킵니다.

쇼소인 호코는 목조 기둥을 정(井) 자형으로 쌓아 올린 창고 건축 양식으로 보물 9,000점 이상이 소장되어 있다

그것은 일본의 긴 역사 속에서도 국제적인 감각을 가슴 가득 호흡한 보기 드문 문화이며 세계적으로 볼 때 당시 동아시아 문명의 한 결정체였습니다.

현존하는, 나라 시대 전반기에 완성된 **야쿠시지 동탑**의 율동감 있는 디자인을, 메이지 시대에 일본 문화 보호에 힘썼던 미국 학자 E. 페놀로사는 얼어붙은 음악이라고 표현했습니다. 그 후 일본 전국에 고쿠분지라고 하는 사원을 두었고 쇼무 천황은 불교에 기초해 국가를 통치하고

東大寺盧舎那仏像
（奈良県）
도다이지 비로자나불상
（나라 현）

はじめとした多くの寺院が当時創建され、日本の仏教界に大きな影響を与えた鑑真和上（がんじんわじょう）が遣唐使とともに中国から帰化し、唐招提寺を開いたのも当時のことです。

天平文化は、仏教と国家とが融合し、仏教を国造りに活用したことによる文化です。しかし、これは反面、仏教の権力との融合という、その後の新たな政治的な火種にもなったのです。

자 **도다이지**를 건립했습니다. 거대한 불상으로 유명한 **비로자나불**이 그 절의 본존입니다. 이 불상은 752년에 완성되었습니다. 더욱이 고후쿠지를 비롯한 많은 사원이 당시에 창건되었으며, 일본 불교계에 큰 영향을 끼친 **간진 화상**이 견당사와 함께 중국에서 일본으로 들어와 귀화하고 도쇼다이지라는 절을 세운 것도 이 무렵의 일입니다.

덴표 문화는 불교와 국가가 융합해 불교를 국가 조성에 활용함으로써 생겨난 문화입니다. 그러나 이는 한편으로 불교와 권력의 결탁이라는, 훗날의 새로운 정치적 불씨가 되고 맙니다.

터닝 포인트

5 平安遷都

奈良時代はどのように平安時代へと推移したのか？

　天平文化や『万葉集』などの編纂の歴史をみると、奈良時代は一見とても華やかな時代にみえます。

　しかし、現実の社会には様々な矛盾や抗争がありました。まず、急激な**中央集権化**は権力闘争の火種にもなりました。大化の改新後、国が税制をもって全国から税金を徴収する制度として**租庸調**を制定した事は既に触れました。租は生産された穀物、庸は労役、調は特産物などに課せられた税金です。加えて防人（さきもり）など長期に亘る兵役が課せられることもあり、農村の負担は相当なものでした。これによる社会の混乱は顕著で、政府はその後開墾した田畑の3代に亘る所有を認める三世一身の法を723

三世一身の法
開墾地についての土地所有方法。新しく開墾した土地は本人から3代にわたってその土地の保有を許可

54 そのとき日本が創られた

헤이안 천도

나라 시대는 어떻게 헤이안 시대로 옮겨갔는가?

덴표 문화와 『만엽집』 등의 편찬 역사를 보면 나라 시대는 일견 매우 화려한 시대로 보입니다.

그러나 현실적으로는 여러 가지 모순과 항쟁이 있었습니다. 우선 급격한 **중앙집권화**는 권력투쟁의 불씨가 되었습니다. 다이카 개신 후에 국가가 세제로써 전국에서 세금을 징수하는 제도인 **조용조**를 제정한 사실은 이미 언급했습니다. 조(租)는 생산된 곡물, 용(庸)은 노역, 조(調)는 특산물에 부과되는 세금입니다. 여기에 규슈에 파견된 병사 등 장기간에 걸쳐 병역이 부과되는 사례도 있어 농촌의 부담은 매우 컸습니다. 이에 따른 사회 혼란이 두드러지게 나타났고, 정부는 이후 개간한 전답에 대해서

墾田永年私財法
開墾地を永久に私財とすることを認めた。後の荘園制の前提となった

年に施行し、743年には**墾田永年私財法**によって、その永久的な所有を認めるなどして対応しましたが、一部の有力者の財布が潤うだけで、農民経済の活性化には至りません。

　また、以前は豪族の抗争が朝廷を脅かしていましたが、中央集権が進むにつれ、宮廷内の権力闘争、派閥争いに拍車がかかりました。大化の改新に功のあった中臣鎌足が起こした藤原氏が奈良時代になると伸長し、鎌足の次男で、奈良遷都にも大きな影響力をもった藤原不比等をはじめ、その一族、子孫がその後政界に進出します。それには、**皇族**や他の有力**貴族**の反発もあり、先に記した農村社会の混乱なども影響した政争が反乱に発展することもありました。

　皇族が藤原体制に不満をもって起こした長屋王の乱や、藤原氏のライバル橘氏の台頭が原因でおきた藤原広嗣の乱などが代表的な例となります。

　こうした中央政権での血なまぐさい争いから、**国家鎮護**を求め聖武天皇が建立したのが東大寺であり、そこにある大仏であるといわれています。しかし、奈良時代に手厚く保護された寺の僧の中で、皇族の寵愛を受け自らが皇位を狙う道鏡のような人物も現れるなど、時ととも

東大寺大仏殿(奈良県)
도다이지 대불전(나라현)

는 3대에 걸쳐 소유를 인정하는 **삼세일신법**을 723년에 시행했으며, 743년에는 **간전영년사재법**을 제정해 개간지의 영구적인 소유를 인정하는 등 대응책을 내놓았지만 일부 유력자의 주머니가 넉넉해졌을 뿐이고 농민 경제 활성화에는 이르지 못했습니다.

또한 이전에는 **호족**의 항쟁이 조정을 위협했지만 중앙집권이 진행됨에 따라 궁정 내부의 권력투쟁, 파벌 투쟁이 가속화되었습니다. 다이카 개신 때 공을 세웠던 나카토미 가마타리가 일으킨 후지와라씨가 나라 시대가 되자 힘이 신장되어 가마타리의 차남이자 나라 천도에 큰 영향력을 행사한 후지와라 후히토를 비롯한 그 일족과 자손이 이후 정계에 진출했습니다. 여기에 **황족**과 다른 유력 **귀족**의 반발이 가세되고 앞서 언급한 농촌 사회의 혼란 등도 영향을 미쳐 정쟁은 반란으로 발전되기도 했습니다.

황족이 후지와라 체제에 불만을 품고 일으킨 나가야 왕의 반란, 후지와라씨의 라이벌인 다치바나씨의 출현 때문에 일어난 후지와라 히로쓰구의 난 등이 대표적인 예입니다.

이런 중앙집권으로 피비린내 나는 싸움으로부터 **난을 평정하고 국가를 수호**하기 위해 쇼무 천황이 도다이지를 세우고 그 절에 거대한 불상을 제작했다고 합니다. 그러

삼세일신법
간척지에 대한 토지 소유 방법. 새로 간척한 토지는 본인으로부터 3대에 걸쳐 그 토지의 보유를 허가

간전영년사재법
간척지를 영구히 사유재산으로 인정했다. 훗날 장원제의 전제가 되었다

に仏教寺院も1つの政治勢力として伸長してきました。

　こうした寺社勢力から脱却し、律令国家を再編しようと、桓武天皇は奈良の北、山城の国に783年に長岡京を建設します。しかし、責任者である藤原種継が暗殺されるなどの政争があり、中断されました。そして改めて794年に完成した宮城が現在の京都にあたる平安京でした。

平安時代はどのようにはじまった？

　長岡京から平安京に都を遷したとき、桓武天皇はその都がその後千年に亘って日本の都になると思っていたでしょうか。

　それ以上に、桓武天皇自身も自らが皇位を継ぐようになるとは考えてもいなかったはずです。もともと当時の天皇は、天智天皇の流れか天武天皇の流れかによるもので、桓武天皇は天智天皇の3代後の系列に属します。しかし、彼の母親は百済から帰化した王族の子孫である和（やまと）氏（うじ）の出身で、身分の問題から皇位継承の対象からははずされていたのです。

　一方、奈良時代に台頭した藤原氏は、藤原不比等の4人の子供によって、それぞれ引き継がれます。その中の1

나 나라 시대에 극진한 대우를 받던 승려 중에는 황족의 총애를 얻자 황위를 노리는 도쿄 같은 인물도 나타나는 등 시대와 함께 불교 사원도 하나의 정치 세력으로 신장되었습니다.

이런 사원과 신사의 세력에서 벗어나 율령국가를 재편하고자 간무 천황은 나라 지역의 북쪽에 있는 야마시로국에 783년 나가오카쿄를 건설했습니다. 그러나 책임자인 후지와라 다네쓰쿠가 암살되는 등 정쟁으로 중단되었습니다. 그리고 다시 794년에 완성된 궁성이 현재의 교토에 해당하는 헤이안쿄였습니다.

헤이안 시대는 어떻게 시작되었는가?

나가오카쿄에서 헤이안쿄로 수도를 옮겼을 때 간무 천황은 그 수도가 이후 천 년에 걸친 일본의 수도가 될 것이라고는 짐작도 못했을 것입니다.

무엇보다도 간무 천황은 자신이 **황위를 이어받을 것**이라고는 전혀 생각하지 않았을 것입니다. 원래 당시의 천황은 덴지 천황의 혈통이나 덴무 천황의 혈통이 이어받는 것이 관례였고, 간무 천황은 덴지 천황의 3대째 계열에 속합니다. 그러나 그의 모친은 백제에서 **귀화한** 왕족 자손

그때 일본이 만들어졌다

つである式家とよばれる系列が、奈良時代の後半に政争の中から台頭し、ついには光仁天皇を擁立するまでになりました。770年のことです。それまでは、天武天皇の系列が皇位を継承していましたが、式家は天智天皇の系列から光仁天皇をたてたことになります。光仁天皇は、天智天皇の孫にあたり、既に高齢でした。従って間もなく子供である他戸王が後を継ぐはずでした。ところが、他戸親王は光仁天皇の皇后と天皇への**謀反を企てた**として追放され、**変死します**。そうした経緯の中で、桓武天皇が皇太子となりました。ここにも、藤原式家の意図があったといわれています。

　桓武天皇は、平城京が天武天皇の系列による天皇の都であったことを意識し、その考え方と利害を一致させ、聖武天皇以来の**政敵を駆逐してきた**藤原式家の後押しもあり、自らの権力基盤を強化させるために**平安京への遷都**を企画したのでしょう。しかし、平安京の前に長岡京の造営を試みたとき、それを押し進めた式家の藤原種継が暗殺されたことからも、桓武天皇とそれを指示する派閥である式家の体制は決して盤石ではなかったようです。

　もともと律令国家は、天皇を頂点とした政治形態による国であったはずです。天皇の**絶対権力**が政治を動かす

인 **야마토씨** 가문 출신으로 신분 문제 때문에 황위 계승 대상자에서 제외되어 있었습니다.

한편 나라 시대에 대두한 후지와라씨는 후지와라 후히토의 아들 4명에게 각각 계승되었습니다. 그중 한 계열인 시키케가 나라 시대의 후반기에 정쟁에서 두각을 드러내더니 마침내 고닌 천황을 옹립하게 됩니다. 770년의 일입니다. 그때까지는 덴무 천황 계열이 황위를 계승했으나 시키케는 덴지 천황 계열에서 고닌 천황을 세웠습니다. 고닌 천황은 덴지 천황의 손자에 해당하는 인물로 이미 고령이었습니다. 따라서 곧이어 어린 나이의 오사베 왕이 뒤를 이을 예정이었습니다. 그러나 오사베 친왕은 고닌 천황과 황후를 **모반하려고** 한 죄로 추방당한 뒤 **의문사했습니다**. 그러한 과정에서 간무 천황이 황태자가 되었습니다. 여기에도 후지와라 시키케의 의도가 있었다고 합니다.

간무 천황은 헤이조쿄가 덴무 천황 계열이 세운 천황의 수도임을 의식하고 그러한 생각과 이해관계를 합치시키는 한편, 쇼무 천황 이래 계속 **정적을 추출해온** 후지와라 시키케의 후원도 있어서 스스로 권력 기반을 강화하고자 **헤이안쿄 천도**를 기획했습니다. 그러나 헤이안쿄 이전에 나가오카쿄를 건설하려 했을 때 이를 추진한 시키케가의

という理想は、天智天皇と天武天皇の時代には実現するかにみえました。しかし、奈良時代になると朝廷内の貴族の台頭が目立ち、その政争の中から次第に天皇のあり方も変わり始めたのです。

桓武天皇は、**律令体制**を自らの手に取り戻し、**中央集権国家**を再度完成させようとしたのでしょう。しかし、天皇自身藤原氏の後押しで皇位についた事実からも、平安時代は、天皇が国の最高位にありながら権力の実態はその下にある実力者に集中する時代の始まりとなったのです。

一口メモ: 密教
空海が体系化した密教とは、大日如来を中心に形成された仏・菩薩の世界に、秘密の呪法をもって接すれば、心身ともに仏と同一になり、現世利益をもらえるとする教え

후지와라 다네쓰쿠가 암살된 일로 미루어 보아 간무 천황과 그것을 지시한 파벌인 시키케 체제는 그리 견고하지는 않았던 것 같습니다.

원래 율령국가는 천황을 정점으로 한 정치 형태를 취하는 국가를 말합니다. 천황의 **절대 권력**이 정치를 움직인다고 하는 이상은 덴지 천황과 덴무 천황 시대에는 실현되는 듯했습니다. 그러나 나라 시대에 이르러 조정 내부의 귀족 세력이 두드러지자 그 정쟁의 한가운데에서 점차 천황의 역할도 바뀌게 되었습니다.

간무 천황은 **율령 체제**를 재정립해 **중앙집권 국가**를 다시금 완성시키고자 했을 것입니다. 그러나 천황도 후지와라씨의 후원으로 황위에 오른 사실에서 알 수 있듯이 헤이안 시대는 천황이 국가의 최고위에 있지만 권력의 실태는 그 아래의 실력자에게 집중되는 시대가 열린 것입니다.

한마디 메모: 밀교

공해가 체계화한 밀교는 대일여래를 중심으로 형성된, 부처·보살의 세계에 비밀의 주술로 접하면 심신이 모두 부처와 동일해져 현세의 이익을 받을 수 있다고 하는 가르침

터닝
포인트
6

藤原氏と平安文化

藤原氏とは？

　嵯峨天皇は、天皇の権威を守った権力者ではありました。しかし、律令体制そのものは、当時の農村の疲弊でその根本的な土台が揺るいでいます。

　過剰な賦役や税金、それに**飢饉**がかさなり、農村では流民が続出し、税収は落ち込みます。奈良時代に制定した墾田永年私財法をさらに整備して、未開の地の開墾を促進しますがあまり効果はなく、朝廷の財政は逼迫します。

　逆に、墾田永代私財法は、開墾する資金力のある寺社や貴族の私有する土地を増やすことになり、中には現地の官吏や朝廷との関係を利用して、**免税の特権**を享受す

후지와라씨와 헤이안 문화

후지와라씨란?

사가 천황은 천황의 권위를 강요한 권력자가 아니었습니다. 그러나 율령 체제는 당시 농촌의 피폐로 그 근본적인 토대가 흔들리고 있었습니다.

지나친 부역과 세금에 **기근**까지 겹쳐 농촌에서는 유민이 속출하고 거둬들이는 세금은 줄었습니다. 나라 시대에 제정된 간전영년사재법을 다시 정비해 미개척지의 개간을 촉진했지만 별다른 효과를 거두지 못하고 조정의 재정은 핍박해졌습니다.

반대로 간전영대사재법으로 개간할 자금력을 얻은 사원이나 신사, 귀족의 사유 토지는 늘어났고 그중에서는 현지 관리나 조정과의 관계를 앞세워 **면세 특권**을 향수하

る者も現れました。

　こうした土地はやがて藤原氏などの私有する荘園となりました。藤原氏は、荘園経営での資金力をもって、皇位継承にも影響力を及ぼすようになります。嵯峨天皇の死後、皇位継承問題が再燃し、当時実権を握っていた藤原良房の押す道康親王が皇位を継ぎます。藤原北家の台頭です。その頃には権勢を振るった式家は衰弱していました。

　良房は、道康親王が皇位を継ぐと、自らの娘を皇后にし、産まれた子供を皇太子としました。後の清和天皇です。

　縁戚関係を利用し、朝廷で重職についてゆく方式を藤原氏がその後継承します。彼らは、巧みな政治力によってライバルとなる貴族や有力者を排除し、10世紀になれば、藤原氏は天皇家の縁者として、天皇に代わって政治をみる摂政などの重職を歴任するようになります。

　当時、朝廷の最高権力者に上り詰めた藤原道長は、自らの権勢を誇った和歌を詠んでいます。

는 자도 나타났습니다.

이런 토지는 이윽고 후지와라씨 등이 소유하는 장원이 되었습니다. 후지와라씨는 장원 경영을 통해 확보한 자금력으로 황위 계승에도 영향력을 행사하게 되었습니다. 사가 천황의 사후에 황위 계승 문제가 재연되고 당시 실권을 장악한 후지와라 요시후사가 밀어준 미치야스 친왕이 황위를 계승합니다. 후지와라 홋케^{후지와라 네 가문 중 하나} 계열이 대두합니다. 그 무렵 권세를 휘둘렀던 시키케가는 쇠약해져 있었습니다.

요시후사는 미치야스 친왕이 황위를 계승하자 자신의 딸을 황후로 내세워 태어난 아이를 **황태자**로 삼았습니다. 훗날의 세이와 천황입니다.

인척 관계를 꾀해 조정의 요직에 오르는 방식을 그 후 후지와라씨가 계승합니다. 그들은 교묘한 정치력으로 경쟁자인 귀족과 유력자를 배제하고 10세기에는 후지와라씨가 천황 집안과 인척 관계를 맺고 천황을 대신해 섭정 정치를 하는 등 각종 요직을 역임합니다.

당시 조정의 최고 권력자에 오른 후지와라 미치나가는 자신의 권세를 과시한 와카를 읊었습니다.

この世をば、
我が世と思う望月の、
かけたる事の、
なしと思えば

「この世は自分[道長]のためにあるものだ。だから満月が欠けることもない」の意。

　その頃、大陸では、相次ぐ争乱の中で907年に唐が滅び、世界帝国が消滅しました。既に894年には、当時の**太政大臣**であった菅原道真の建議で遣唐使は取りやめられています。その菅原道真も藤原氏によって宮廷を追われ、九州の太宰府に左遷されました。

　藤原氏の繁栄のもと、平安京では宮中の貴族による文芸活動などが盛んになります。大陸と海を隔てた島国の中で、今まで取り入れた様々な大陸文化が次第に日本独自の文化へと変貌し始めるのはこの頃のことです。これからしばらく、日本は自ら積極的に海外を求めない時代にはいってゆきます。

이 세상을
내 세상이라고 생각한다. 보름달이
기울 일이
없듯이

'이 세상은 자신[미치나가]을 위한 세상이다.
그러므로 보름달이 기우는 일은 없다'는 뜻.

그 무렵 대륙에서는 잇따른 쟁란 속에 907년 당나라가 멸망함으로써 세계 제국이 소멸되었습니다. 이미 894년에 당시 **다이죠다이진**태정대신이었던 스가와라 미치자네의 건의로 견당사 파견을 중지했습니다. 그 후 스가와라 미치자네는 후지와라씨에 의해 궁정에서 쫓겨나 규슈의 다자이후로 좌천되었습니다.

후지와라씨의 번영하에 헤이안쿄에서는 궁중 귀족의 문예 활동이 왕성했습니다. 대륙과 바다로 격리된 섬나라 안에서 지금까지 유입된 각종 대륙 문화가 서서히 독자적인 일본 문화로 변모해나가기 시작한 것이 이 무렵입니다. 이때부터 한동안 일본은 굳이 적극적으로 해외로 진출하지 않는 시대에 접어듭니다.

平安時代の貴族文化の意義と特徴は？

　平安時代の貴族文化で特筆されることは、漢字を使った日本独自の文字であるひらがなやカタカナが生まれ、それが現在まで漢字とともに使用されるようになったことです。

　古代から中世にかけての文字であるラテン語が、西欧の国々では口語と分けて使用されていたように、東洋では多くの国が中国の漢字を国の文字として使用していました。日本で、新たな文字が産まれたことは、ちょうどダンテが『**神曲**』をトスカーナ語で著し、後の**文芸復興のさきがけ**となった現象に似ています。

ダンテ・アリギエーリ
1265〜1321 イタリア生まれ、トスカーナ語で長編叙事詩『神曲』を書いた

　以前、日本では、漢字をそのまま日本の発音にあてて使用することもあれば、中国の書き方を漢文としてそのまま使用することもありました。しかし、ひらがなとカタカナを漢字に混ぜて使用することで、口語文もそのまま平易に文章化できるようになり、そのことから闊達で自由な表現活動ができるようになったのです。

　現在、若者が絵文字を使ってコミュニケーションするように、当時宮廷の貴族たちはこの新しい文字を使用して和歌を作り、それを交換することで恋をはじめとした様々な人の営みを語ります。**恋歌**は貴族の間に広がり、

헤이안 시대 귀족 문화의 의의와 특징은?

헤이안 시대의 귀족 문화에 대해 특필할 만한 것은 한자를 사용한 독자적인 일본 문자인 히라가나와 가타카나가 생겨나서 그것이 현재까지 한자와 함께 사용되게 된 일입니다.

고대에서 중세에 걸쳐 문자인 라틴어가 서구 제국에서 구어와 구분되어 사용된 것처럼 동양에서는 많은 국가가 중국의 한자를 자국 문자로 사용하고 있었습니다. 일본에서 새로운 문자가 사용된 것은 흡사 단테가 『**신곡**』을 토스카나어로 저술해 훗날 **문예부흥의 선구**적 역할을 한 현상과 비슷합니다.

단테 알리기에리
1265~1321 이탈리아 출생이고, 토스카나어로 장편서사시 『신곡』을 썼다

이전에 일본에서는 한자를 그대로 일본 발음에 맞추어 사용한 일은 있었지만 중국식 문장으로 된 한문을 그대로 사용한 일은 없었습니다. 그러나 히라가나와 가타카나를 한자와 섞어 사용함으로써 구어식 문장도 간단히 문장화할 수 있게 되면서 활발하고 자유로운 표현 활동이 가능해졌습니다.

현재 젊은이들이 이모티콘을 사용해 의사소통을 하는 것처럼 당시 궁정 귀족들은 이 새로운 문자를 사용해 와카를 지어서 주고받으며 사랑이나 여러 가지 인간사를 담아냈습니다. **연가**가 귀족 사이에 널리 퍼졌고 자신의 생각

紫式部像(滋賀県)
무라사키 시키부 동상(시가 현)

自らの思いを和歌で相手に伝え合う風習も盛んになりました。当時、紀貫之が905年に編纂した『古今和歌集』には、そんな和歌がたくさん含まれています。

貴族の円熟した文芸活動は、特に女性の間でもてはやされます。藤原氏の血縁である紫式部が11世紀初頭に著した『**源氏物語**』は、世界最古の長編小説として有名です。源氏物語に綴られる様々な恋愛物語は、当時の貴族の生活を知る上でも貴重な資料といえましょう。

この日本独自の文字を使った女流作家は、紫式部の他にも多くいます。紫式部とほぼ同時代に著された清少納

紫式部は『紫式部日記』の中で、清少納言の生き方を軽薄だと批判している

一口メモ: 宮廷サロンの形式

摂関政治の時代に、外戚の地位をのぞんだ貴族は自分の娘を後宮に入れ、皇子を産ませようとした。そのとき、多くの有能な女房をつけたことから、宮廷ではサロンが形成され、多くの文学作品が生み出された。

을 와카로 상대에게 전하는 풍습도 유행했습니다. 당시 기노 쓰라유키가 905년에 편찬한 『고킨와카슈』에는 그런 와카가 많이 포함되어 있습니다.

귀족의 원숙한 문예 활동은 특히 여성 사이에서 인기가 높았습니다. 후지와라씨와 혈연관계에 있는 무라사키 시키부가 11세기 초기에 저술한 『**겐지 이야기**』는 세계 최초의 장편소설로 유명합니다. 이 소설에 담긴 여러 편의 연애 이야기는 당시 귀족 생활을 알 수 있는 귀중한 자료라고 할 수 있습니다.

이와 같은 독자적인 일본 문자를 사용한 여류 작가는 무라사키 시키부 이외에도 많았습니다. 무라사키 시키부와 거의 같은 시대에 저술 활동을 한 세이 쇼나곤의 수필집 『**마쿠라노소시**』, 여성의 질투와 삶을 적나라하게 그려낸, 후지와라 미치쓰나의 모친실명 미상이 쓴 『가게로 일기』, 후지와라 미치쓰나가 자신을 모델로 여성의 일생을 그린 『사라시나 일기』 등 지금도 많은 사람들에게 애독되

무라사키 시키부는 『무라사키 시키부 일기』에서 세이 쇼나곤의 삶을 비판했다

한마디 메모: 궁정 살롱의 사교적 모임
섭정 정치 시대에 외척의 지위를 얻고자 했던 귀족들은 자신의 딸을 후궁으로 보내 황자를 출산하도록 했다. 그래서 이 무렵 많은, 뛰어난 궁녀들이 있던 것으로부터, 궁정에서는 사교적 모임이 형성되어 많은 문학작품이 탄생했다.

言の『枕草子』という随筆集、女性の嫉妬と生き様を赤裸々に描いた藤原道綱の母[実名不詳]の『蜻蛉日記』や、その娘が自らをモデルに女性の一生を描く『更級日記』など、今でも多くの人に読まれている作品は、その頃作られたものなのです。

　和歌により、自らの思いや恋愛感情を率直に表現することが、当時の文芸活動を育んでゆきました。自我や自由という概念の乏しい9世紀に、自らの思いを文芸にできたことは、驚嘆に値することといえましょう。

는 작품이 이 무렵에 만들어진 것입니다.

와카를 빌어 자신의 생각이나 연애 감정을 솔직히 표현하는 작업이 당시의 문예 활동을 키워나갔습니다. 자아, 자유라는 개념이 결핍되어 있었던 9세기에 자신의 생각을 문예로 그려냈다는 점은 감탄할 만한 일입니다.

터닝 포인트 7 源平から鎌倉へ

平家の時代とは？

　保元の乱で地位を確立した後白河天皇を動かし、天皇親政を目指した**立役者**に信西という僧侶がいます。元々藤原氏南家の出身でその後**出家**し、後白河天皇の知恵袋として出世したのです。

　しかし、彼の目指す天皇親政への強引な手法に反感をもつ貴族は、やがて二条天皇が即位し、後白河が上皇となり院政をしくと、1159年にクーデターを起こします。クーデターを軍事的に指揮したのが当時の源氏の頭領、源義朝でした。クーデターで信西は殺害されますが、逆にこの急報をきいて駆けつけた平家の頭領である平清盛と争い敗北します。この一連の騒動を**平治の乱**と

겐페이 시대에서
가마쿠라 막부 시대로

헤이케 시대란?

호겐의 난에서 지위를 확립한 고시라카와 천황의 배후에는 천황 친정을 위해 애쓴 **중심인물**로 신제이라는 승려가 있었습니다. 그는 본래 후지와라씨의 남가 출신으로 **출가**해 고시라카와 천황의 지혜로운 조언자로 이름이 높았습니다.

그러나 신제이가 추구한 천황 친정은 횡포가 심해 이에 반감을 품은 귀족들은 이윽고 니조 천황이 즉위하고 고시라카와가 상황이 되어 원정 정치를 펼치자 1159년에 쿠데타를 일으킵니다. 쿠데타에서 군사 지휘를 담당한 이는 당시 겐지의 우두머리였던 미나모토 요시토모였습니다. 쿠데타에서 신제이를 살해하는 데는 성공하지만 이 급보

平清盛日招像(広島県)
일몰 방향으로 부채를 들고 서 있는 다이라기요모리 동상(히로시마 현)

いいます。この結果、源氏が京都から一掃されてしまうのです。源義朝は、落ち行く途中で殺害され、多くの親族や関係者が処刑、あるいは流罪になりました。

後白河上皇は元々二条天皇への譲位を快く思っていず、乱の背景には彼が様々な策謀を練っていたことも伺えますが、乱の後は二条天皇の地位も安泰し、それと共に平家がみるみる昇進してゆきます。

二条天皇は天皇親政を目指し政務をみますが、道半ばで崩御。死の直前に後白河上皇の介入を阻止するかのように、自らの2歳の子に譲位します。六条天皇です。しかし、これは却って後白河上皇が政治の表舞台に再登場する理由となります。彼は幼帝を1年で廃し、自らの子供を皇位につけます。高倉天皇です。既にこの頃、平家は朝廷に盤石の地盤を築いていました。平清盛は自らの娘を高倉天皇の后にして、政務に深く関わります。

平家は、以前の藤原氏と同様に、自らが宮中にあって政治を司ります。いわゆる武士でありながら貴族として振る舞うわけです。1169年には、後白河上皇が出家して法皇となりますが、清盛は藤原氏の有力者や後白河法皇との関係もうまく操る政治手腕をもち、後白河法皇を時には懐柔、時には牽制します。

를 듣고 달려온 헤이케의 우두머리인 다이라 기요모리와 싸워 패했습니다. 이 일련의 소동을 **헤이지의 난**이라고 합니다. 이로써 겐지가 교토에서 일소되었습니다. 미나모토 요시토모는 도주 중에 살해되었고 많은 친족과 관계자가 처형되거나 **유배**되었습니다.

고시라카와 상황은 원래 니조 천황에게 자리를 물려주는 것을 달가워하지 않았을뿐더러 난의 배경에는 니조 천황이 여러 가지 책모를 꾀한 사실이 알려져 있으나 난이 평정된 후에는 니조 천황의 지위도 안정되어갔고 헤이케는 승진 일로를 걸었습니다.

니조 천황은 천황 친정을 위해 직접 정무를 보았으나 중도에 서거했습니다. 그는 죽기 직전에 고시라카와 상황의 개입을 저지하려는 듯 자신의 두 살 된 아들에게 **양위**했습니다. 로쿠조 천황입니다. 그러나 이는 반대로 고시라카와 상황이 정치 표면에 재등장하는 이유가 됩니다. 그는 어린 왕을 1년 만에 폐하고 자신의 아들을 왕위에 앉혔습니다. 다카쿠라 천황입니다. 이미 이 무렵 헤이케는 조정에 반석의 지반을 쌓고 있었습니다. 다이라 기요모리는 자신의 딸을 다카쿠라 천황의 황후로 내세워 정무에 깊이 관여했습니다.

헤이케는 이전의 후지와라씨와 마찬가지로 직접 궁정

平家は大量の荘園を保有し、当時中国の統一王朝であった宋との貿易を独占して自らの財源とします。平家が開いた福岡や福原[現在の神戸]は今でも港湾都市として栄えています。ただ、以前のように日本が積極的に東アジアの外交に関わることはありませんでした。

　「**平家にあらずんば、人にあらず**」とまでに栄華を極めた平清盛とその一族ですが、それは朝廷の権威の枠の中での栄華でした。武家が本当の権力を手中に収めるのは、その平家が滅亡したときだったのです。

平家はどのように打倒されたか？

　平安時代は、昔の律令体制に憧れる皇族と、藤原氏や平安末期の平家のように、朝廷での権力に固執する実力者との綱引きの時代です。

　後白河法皇は、平家が権力を独占する様子を疎んでいました。もちろん、彼に同情する人も多く、後白河法皇の王子、**以仁王**は特に平家に強い敵意をいだきます。1179年に後白河法皇の不穏な動きを察知した平家は、法皇を幽閉し、以仁王も処罰します。清盛はその後、1180年には高倉天皇と平清盛の娘との間に産まれた子供を安

에서 정치를 관장했습니다. 이른바 무사이면서도 귀족처럼 행세했습니다. 1169년에는 고시라카와 상황이 출가해 법황이 되었습니다. 기요모리는 후지와라씨의 유력자이나 고시라카와 법황과의 관계를 다루는 정치 수완이 뛰어나 고시라카와 법황을 때로는 회유하고 때로는 견제했습니다.

헤이케는 대량의 장원을 보유하고 당시 중국 통일 왕조였던 **송나라**와의 무역을 독점해 자신의 재원으로 삼았습니다. 헤이케가 만든 후쿠오카와 후쿠하라[현재의 고베]는 지금도 항만 도시로서 번영을 누리고 있습니다. 다만 이전처럼 일본이 적극적으로 동아시아의 외교에 관여하는 일은 없어졌습니다.

'**헤이케가 아니면 사람이 아니다**'라고 할 만큼 최고의 영화를 누린 다이라 기요모리와 그 일족이지만 그것은 조정의 권위라는 테두리 안에서의 영화일 뿐이었습니다. 무가 가문이 진짜로 권력을 손에 넣게 된 것은 헤이케가 멸망하고 나서입니다.

헤이케는 어떻게 타도되었는가?

헤이안 시대는 과거 율령 체제를 고집하는 황족과 후지와라씨, 헤이안 말기 헤이케 등 조정에서 권력을 잡으려

徳天皇として擁立します。そして同じ頃、以仁王がついに**平家討伐**の密命を全国に出したのです。

当時、皇族も貴族も、事を起こすには武力を持つ武士か、宗教的威光をもつ**比叡山**のような寺社に頼るしかありません。逆に、武士は皇族や貴族の持つ朝廷という権威を必要としています。寺院はそのちょうど中間にあって、仏教の権威の元に、朝廷や時には武士に圧力をかけます。力のある者が衰えた者を倒し政権を握るという合理的な考え方がうまれず、常に朝廷がパワーバランスの支点に存在したことが、日本の歴史の特徴ともいえるのです。それは、神仏や太古からの権威者への「**畏れ**」という感覚によって支えられた価値観といえましょう。日本人にとって、皇族は神がかった存在だったのです。

一方、平治の乱のあと、地方に拡散していた源氏も、地方の武士団と連携をとり、体制を立て直します。特に関東では、伊豆に流罪になっていた源頼朝が成長します。頼朝は平治の乱で死亡した源氏の頭領、源義朝の三男です。頼朝はやがて伊豆の有力者である北条氏の娘政子と結婚、以仁王の密命が届くと、彼らは、後の**戦国時代**に活躍する武田氏や江戸時代に幕府の置かれる江戸を領有していた江戸氏など、源氏ゆかりの武士団を従え、

는 실력자들의 줄다리기 시대입니다.

고시라카와 법황은 헤이케가 권력을 독점하는 데 불만이 있었습니다. 물론 그를 동정하는 사람이 많았고 법황의 아들인 **모치히토 왕**은 특히 헤이케에게 강한 적의를 품고 있었습니다. 1179년에 고시라카와 법황의 불온한 움직임을 알아차린 헤이케는 법황을 유폐하고 모치히토 왕도 처벌했습니다. 기요모리는 그 후 1180년 다카쿠라 천황과 다이라 기요모리의 딸 사이에 태어난 아이인 안토쿠 천황을 옹립했습니다. 그리고 같은 무렵 모치히토 왕은 마침내 **헤이케 토벌**을 명하는 밀명을 전국에 내렸습니다.

당시 황족이나 귀족이 거사를 일으키려면 무력을 소유한 무사나 종교적 위광을 발휘하는 **히에이잔** 같은 사원에 의지할 수밖에 없었습니다. 반대로 무사는 황족과 귀족이 소유한 조정이라는 권위가 필요했습니다. 사원은 이들 양자의 중간에 서서 불교의 권위를 바탕으로 조정과 무사에게 압력을 가했습니다. 힘이 있는 자가 쇠퇴한 자를 쓰러뜨리고 정권을 잡는 것이 합리적이라는 사고방식은 형성되지 않고, 항상 조정이 세력균형을 이루는 지점에 있어야 한다는 것이 일본 역사의 특징이라고 할 수 있습니다. 그것은 신불이나 태고 적부터 받들어온 권위자에 대한 '**외경심**'과 같은 가치관이라 할 수 있습니다. 일본

関東に拠点を造ります。

その頃は各地で平家に叛旗を翻す者がでてきます。そうした混乱の中で平清盛が**他界**してしまいます。1181年のことです。

しかし、源頼朝は奥州藤原氏の脅威と、自らの地盤固めのために、すぐには動けず、木曽にいた源義仲が京都になだれ込み、平家を都から追い払います。その後、後白河法皇と義仲が不和になると、体制を立て直した頼朝は軍を送り、義仲を討ち、さらに兵を西に進めます。この時の源氏側の英雄が源義経です。

平家は一ノ谷、屋島と戦い、ついに**壇ノ浦の合戦**で滅亡。1186年のことでした。まだ8歳だった安徳天皇も平家と共に海に沈んだことは有名な話です。

壇ノ浦古戦場址(山口県)
단노우라 옛 전장터(야마구치 현)

赤間神宮にある平家一門の墓(山口県)
아카마 신궁에 있는 헤이케 일가의 묘
(야마구치 현)

인에게 황족은 신적인 존재였습니다.

한편 헤이지의 난 이후에 지방에 확산되어 있던 겐지도 지방의 무사 단체와 제휴해 체제를 정비했습니다. 특히 간토의 이즈 지방에서는 유배된 미나모토 요리토모가 성장합니다. 요리토모는 헤이지의 난으로 사망한 겐지의 우두머리, 미나모토 요시토모의 셋째 아들입니다. 요리토모는 마침내 이즈의 유력자인 호조씨의 딸 마사코와 결혼해 모치히토 왕의 밀명이 전해지자 훗날 **전국 시대**에 활약하는 다케타씨, 에도 시대에 막부^{바쿠후}가 설치된 에도를 차지한 에도씨 등 겐지와 관계 있는 무사 단체를 거느리고 간토에 거점을 조성했습니다.

이 무렵 각지에서 헤이케에게 반기를 드는 자들이 나타났습니다. 이런 혼란 속에서 다이라 기요모리가 **타계**했습니다. 1181년의 일입니다.

그러나 미나모토 요리토모는 오슈의 후지와라씨의 위협 때문에, 그리고 자신의 지반을 다지기 위해 바로 움직이지 않았고, 기소^{현재의 나가노}에 있던 미나모토 요시나카가 교토로 몰려와 헤이케를 수도에서 내쫓았습니다. 그 후 고시라카와 법황과 요시나카의 사이가 나빠지자 체제를 재정비한 요리토모는 군대를 보내 요시나카를 무찌르고 이어서 군사를 서쪽으로 진격시켰습니다. 이때 겐지 측

源頼朝
(미나모토 요리토모)

鎌倉幕府はどのようにして成立したか？

　頼朝は法皇や皇族、そして貴族のみならず寺社までが様々な思惑をもって政治に関わってくる京都とあえて距離をおきます。平家にしろ、源氏にしろ、必要なときには駒のようにそれを動かし、体制が悪くなるとすぐに昨日までの忠誠をも顧みず相手側についてしまう朝廷の様子を頼朝は知悉していたのです。

　後白河法皇は、平家を倒した源義経を取り込もうとしたようです。しかし、頼朝は義経が実の弟とはいえ、皇室と絡んだ人物を容赦せず、**謀反人**として処断します。源義経は幼い頃に、奥州の藤原氏の保護を受けていて、頼朝としては義経と共に藤原氏を倒し、奥州を平定しようとも思っていたのでしょう。

　実際、その後藤原氏の元に義経が逃れると、頼朝は藤原氏に彼の引き渡しを要求します。後3年の役で奥州藤原氏を興した藤原清衡から3代目にあたる藤原泰衡は、頼朝を畏れ義経を殺害しますが、頼朝はそのまま軍を差し向け、藤原氏を滅ぼしてしまいます。1189年のことでした。

　平安時代の末期、朝廷は既に資金力の上でも、軍事力の上でも律令体制の頃とは比較できないほどに衰えていました。それはなんといっても、地方の権力者が武士

의 영웅은 미나모토 요시쓰네입니다.

헤이케는 이치노타니, 야시마와 잇달아 싸웠고 마침내 **단노우라 싸움**에서 멸망합니다. 1186년의 일입니다. 당시 여덟 살밖에 되지 않았던 안토쿠 천황도 헤이케와 함께 바다에 가라앉은 일화는 유명합니다.

가마쿠라 막부는 어떻게 성립되는가?

요리토모는 법황과 황족, 그리고 귀족뿐 아니라 사원까지, 저마다 갖가지 속셈을 품고 정치에 몰려드는 교토와 일부러 거리를 둡니다. 헤이케든 겐지든 필요할 때는 장기판의 말처럼 움직이지만 상황이 불리해지면 어제의 충신도 미련 없이 상대편으로 돌아서는 조정의 실상을 요리토모는 잘 알고 있었습니다.

고시라카와 법황은 헤이케를 쓰러뜨린 미나모토 요시쓰네를 끌어들이려 했습니다. 그러나 요리토모는 요시쓰네가 피를 나눈 형제여도 황실과 연루된 인물이기 때문에 가차 없이 **반역자**로 처단했습니다. 미나모토 요시쓰네는 어린 시절에 오슈의 후지와라씨로부터 보호를 받은 적이 있어서 요리토모로서는 요시쓰네와 힘을 합쳐 후지와라씨를 타도하고 오슈를 평정하고 싶었을 것입니다.

として成長し、その武士の集団が次第に源氏や平家によって統合されていったからです。荘園や国司の権限と、武士の豪族としての権益が深刻な対立を産みましたが、その分朝廷の税収が落ち込んでいったことは事実でしょう。

　頼朝の挙兵とその後の平家の打倒の経緯をみてもわかるように、平家は朝廷とだけ結びつこうとし、地方の武士団との連携を怠ったことがその敗因であったといえましょう。頼朝を支持した北条氏も、元はといえば平家の系統に属していたといわれています。このことからも、いかに頼朝が朝廷という「点」ではなく、関東一円の武士の集団という「面」を掌握していたかが伺えます。

　頼朝は奥州を**平定**すると、自らが朝廷に乗り込むかわりに、北条氏の頭領である北条時政を京都に派遣して朝廷を牽制します。そして、朝廷から離れた鎌倉に、拠点をおきます。鎌倉から武士を束ね、軍事を統率することによって、朝廷の影響なく、勢力基盤を盤石なものとしたのです。朝廷もそんな頼朝に**征夷大将軍**の称号を与え、一応皇室の臣下として処遇し、面子を保ちます。この征夷大将軍こそが、以降の武家政権の最高位となるのです。

실제로 그 후에 후지와라씨 아래로 요시쓰네가 몸을 피하자 요리토모는 후지와라씨에게 요시쓰네를 인도할 것을 요구합니다. 그 후 계속된 3년 동안의 싸움 끝에 후지와라 기요히라는 오슈의 후지와라씨를 부흥하는 데 성공하지만 그로부터 3대째인 후지와라 야스히라는 요리토모를 두려워해 요시쓰네를 살해합니다. 그러자 요리토모는 즉시 군대를 몰고 와 후지와라씨를 멸망시킵니다. 1189년의 일입니다.

헤이안 시대 말기의 조정은 이미 자금력에서나 군사력에서나 율령 체제의 무렵과는 비교도 안 될 정도로 쇠퇴해 있었습니다. 그것은 뭐라 해도 지방 권력자가 무사로 성장했고 그 무사 집단이 점차 겐지와 헤이케에 의해 통합되어 갔기 때문입니다. 장원·국사에 관한 권한과 무사가 누릴 수 있는 호족으로서의 권익이 심각한 대립을 빚어, 그만큼 조정의 세금 수입이 줄어든 것은 사실일 것입니다.

요리토모가 군사를 일으키고 그 후 헤이케를 타도한 경위에서도 알 수 있듯이 헤이케는 조정과의 관계만 중요시하고 지방 무사 집단과의 제휴를 게을리한 점 때문에 패배한 것이라 할 수 있습니다. 요리토모를 지지한 호조씨도 원래 헤이케 계통에 속합니다. 이런 점만 보아도 얼마나 요리토모가 조정이라는 '일부분'이 아니라 간토 일대의

頼朝は1192年に鎌倉に**幕府**を開きます。それ以降、1868年に徳川幕府が滅びるまで、776年間に亘る**武家政権**がここにスタートしたことになります。

무사 집단 '전체'를 장악했는지 짐작할 수 있습니다.

  요리토모는 오슈를 **평정**한 뒤에 자신이 직접 조정에 오르지 않고 그 대신 호조씨의 우두머리인 호조 도키마사를 교토에 파견해 조정을 견제합니다. 그리고 조정에서 떨어진 가마쿠라에 거점을 둡니다. 가마쿠라에서 무사를 다스려 군사를 통솔함으로써 조정의 영향을 받지 않고 세력 기반을 다져나갔습니다. 조정도 그런 요리토모에게 **세이이타이쇼군**정이대장군의 칭호를 수여하고 표면적으로는 황실의 신하로서 처우해 체면을 지켰습니다. 이 세이이타이쇼군은 이후 무가 정권의 최고 자리로 구축됩니다.

  요리토모는 1192년 가마쿠라에 **막부**를 엽니다. 그 이후 1868년에 도쿠가와 막부가 멸망할 때까지 776년간에 걸친 **무가 정권**이 여기에서 시작되는 것입니다.

터닝 포인트 8 元寇

遼
内モンゴルを中心に中国の北辺を支配した契丹人(キタイ人)耶律氏(ヤリュート氏)の王朝。916~1125

女真族
満州から朝鮮半島北部にかけて居住していたツングース系民族

金
中国北半分を支配した女真族の王朝。1115~1234

　唐の滅亡のあとの混乱を経て、中国は960年に宋によって再び統一されます。しかし、宋は世界帝国ではありませんでした。宋は中国という風船を膨らますことなく、高句麗と同じ言語系の**遼**、それを滅ぼした**女真族**による**金**といった北方民族に圧迫されながら政権を維持します。

　日本は、宋と正式な国交は結ばず、商業活動だけの関係を維持します。宋は1127年に金に滅ぼされ、その遺臣によって華南に南宋が建国されますが、日本は多少の文化交流はあったものの、国としては**孤立政策**を維持します。

　しかし、大陸では、北方民族の活動がさらに大きな津

원구
두 차례에 걸친 원나라의 일본 원정

당나라의 멸망 후 혼란기를 거쳐 중국은 960년 **송나라**에 의해 다시 통일됩니다. 그러나 송나라는 세계 제국을 형성하지는 못했습니다. 송나라는 중국이라는 풍선을 팽창시키지 못하고 고구려와 같은 언어계에 속하는 **요나라**, 이를 멸망시킨 **여진족**이 세운 **금나라**라는 북방 민족의 압박을 받으며 정권을 유지합니다.

일본은 송나라와 정식으로 국교 관계를 맺지 않고 상업 활동만 유지했습니다. 송나라는 1127년에 금나라에게 멸망당하고, 그 뒤 송나라의 신하가 화남에 남송을 건국하지만 일본과의 관계는 문화 교류가 다소 있는 정도이고 국가 차원에서는 **고립 정책**을 유지했습니다.

그러나 대륙에서는 북방 민족의 활동이 한층 더 거센

요나라
내몽골을 중심으로 중국 북쪽 변방을 지배한 거란인(기타이인) 야율씨(야류토씨)의 왕조. 916~1125

여진족
만주에서 한반도 북부에 걸쳐 거주했던 퉁구스계 민족

금나라
중국 북부 절반을 지배한 여진족 왕조. 1115~1234

チンギス・ハン
モンゴル帝国の初代皇帝。在位 1206〜1227

オゴデイ・ハン
モンゴル帝国の第2代モンゴル皇帝、チンギス・ハンの息子。在位 1229〜1241

クビライ・ハン
チンギス・カンの孫、モンゴル帝国の第5代皇帝。在位 1260〜1294

波となります。北アジアの草原地帯で、熾烈な権力闘争のあと、**チンギス・ハン**率いるモンゴル族が伸長し、その子のオゴデイ・ハンの時に金を滅ぼし、豊かな中国の文化と経済を手中に収めたのです。1234年のことでした。モンゴル帝国は、同時に西へ拡大し、中近東から南ロシア一帯に至る大帝国を築きます。この大帝国のうち、モンゴル、中国から朝鮮半島一帯の統治を、元という国名で引き継いだのが**フビライ・ハン**でした。元の西は彼の一族が治めています。そこで彼は、東へと目を向けたのでした。元の日本への侵攻です。

　それは、第二次世界大戦での日本の降伏による占領を除けば、日本史上唯一の本格的な**外敵の侵攻**となります。1274年の**文永の役**、そして1281年の**弘安の役**の2度に亘り元の**大船団**が九州の福岡周辺に押し寄せます。文永の役では約4万人、弘安の役では約14万人のモンゴル人、中国人、そして当時の朝鮮半島の王朝で、元に支配された**高麗**の軍人が日本を攻撃します。ちなみに弘安の役の前、元は南宋を滅ぼし、1279年に中国を統一しています。

　戦いは熾烈でした。しかし、いずれの戦いでも、元の船団が台風によって壊滅し、日本は救われました。こ

물결을 일으킵니다. 북아시아의 초원 지대에서 격렬한 권력투쟁 끝에 **칭기즈 칸**이 이끄는 몽골족이 강성해져서 그의 아들인 오고타이 칸에 이르러 금나라를 멸망시키고 풍부한 중국 문화와 경제를 손에 넣게 됩니다. 1234년의 일입니다. 몽골 제국은 동시에 서쪽으로 확대되어 중근동에서 남러시아 일대에 이르는 대제국을 이룹니다. 이 대제국을 몽골과 중국, 한반도 일대로 나누어 통치한 것이 **원나라**이며 이를 계승한 이는 **쿠빌라이 칸**이었습니다. 원나라의 서쪽은 그의 일족이 통치했습니다. 그래서 그는 동쪽으로 눈을 돌렸습니다. 원나라의 일본 침공입니다.

원나라의 일본 침공은 제2차 세계대전에서 일본이 패전해 점령당한 것을 제외하면 일본 역사상 유일하게 본격적인 **외적의 침공**입니다. 1274년의 **분에이노 에키**, 그리고 1281년의 **고안노 에키**의 두 차례에 걸쳐 원나라의 **대형 선박단**이 규슈의 후쿠오카 주변에 몰려왔습니다. 분에이노 에키에서는 약 4만 명, 고안노 에키에서는 약 14만 명의 몽골인, 중국인, 그리고 당시 한반도의 왕조로 원나라의 지배를 받던 **고려**의 군사가 일본을 공격합니다. 이미 고안노 에키 전에 원나라는 남송을 멸망시키고 1279년에 중국을 통일했습니다.

칭기즈 칸
몽골 제국의 초대 황제. 재위 1206~1227

오고타이 칸
몽골 제국의 제2대 황제. 칭기즈 칸의 아들. 재위 1229~1241

쿠빌라이 칸
칭기즈 칸의 손자로, 몽골 제국의 제5대황제. 재위 1260~1294

蒙古塚(福岡県)
몽고총(후쿠오카 현)

志賀島にある日蓮上人像(福岡県)
시카노시마에 있는 니치렌 스님 동상(후쿠오카 현)

の台風を人々は**神風**と呼んだのです。

　この日本史上希有な外敵の襲来は、文字通り国難として意識され、当時多発した**天変地異**とあいまって、人心を不安に陥れます。そうしたときに、**法華経**の加護を説き、他宗派や時の政府の迫害を受けながらも宗教活動を繰り広げた人が日蓮です。彼の開いた宗派を日蓮宗といい、他の新たな宗派と共に、日本の主要な仏教教団の1つとなります。

　モンゴルのユーラシア大陸での拡大は、世界史でも特筆すべきものです。日本は、その大帝国に支配されずにすんだ、ほんの一握りの国の1つだったのです。

전쟁은 열전이었습니다. 그러나 두 차례 원정에서 모두 원나라의 선박이 태풍을 만나 난파함으로써 일본은 위험을 모면했습니다. 이 태풍을 사람들은 **가미카제**^{신의 바람}라고 불렀습니다.

일본 역사상 이 희유의 외적 침입은 문자 그대로 국난으로 인식되었으며, 당시 몇 차례 발생한 **천재지변**까지 겹쳐 인심은 불안한 상태였습니다. 그 즈음에 다른 종파와 정부의 박해에도 **법화경**의 가호를 설파하며 종교 활동을 펼친 사람이 니치렌^{일연}입니다. 그가 창설한 종파를 니치렌종^{일련종}이라고 하며, 다른 새로운 종파와 더불어 일본의 주요한 불교 교단의 하나가 되었습니다.

유라시아 대륙 전역에 걸친 몽골의 확대는 세계사에서도 특필할 만한 일이었습니다. 일본은 이 대제국에 지배당하지 않은, 손으로 꼽을 만한 국가 중 하나였습니다.

ターニングポイント 9 太平記の時代

鎌倉幕府はどのように滅亡したか？

　鎌倉幕府を支えていたのは、関東を中心とした武士団でした。

　彼らは幕府によって**所領の維持**を保証される代わりに、幕府への**忠誠**を誓います。ヨーロッパでいうならば、国王と騎士との関係を維持していたのです。この騎士にあたる人々のことを**御家人**と呼んでいます。1232年に制定された**御成敗式目**は、そうした御家人と幕府との関係を法制化したものでした。

　しかし、所領は相続が続くにつれ、子孫によって細分化され、中には経済的に困窮する御家人も多くなります。さらに、九州では元の侵攻によって受けた経済的ダ

태평 시대

가마쿠라 막부는 어떻게 멸망했는가?

가마쿠라 막부를 지탱하고 있었던 것은 간토를 중심으로 한 무사 단체였습니다.

그들은 막부에 의해 **소유지의 유지**를 보장받는 대신에 막부에 대한 **충성**을 맹세합니다. 유럽으로 말하자면 국왕과 기사의 관계를 유지했던 것입니다. 이 기사에 해당하는 사람들을 **고켄닌**^{쇼군의 직속 무사}이라고 불렀습니다. 1232년에 제정된 **고세이바이 시키모쿠**^{무사 정권의 기본 법전}는 그러한 고켄닌과 막부의 관계를 법제화한 것입니다.

그러나 소유지는 상속이 거듭되면서 자손에 의해 세분화되어 그중에는 경제적으로 궁핍한 고켄닌이 늘어났습니다. 더욱이 규슈에서는 원나라의 침공으로 인한 경제

メージも深刻で、戦争に参加した御家人の多くは、新たな土地を恩賞としてもらうという従来の慣例が実施しにくい戦争であったため、疲弊し、幕府への不満を募らせます。**貨幣経済**の浸透と、昔ながらの土地の給付による御家人への**報酬**のあり方との間の矛盾が顕在化したことになります。

　一方、文永、弘安の役の後、幕府の中でも政争がおき、その後北条氏は独裁体制の強化を画策しますが、かえって失政が続き、それに不満を持つ御家人も多くなります。御家人の中には、幕府の統治の外で、独自に勢力を蓄える者もうまれ、幕府は様々な不安要因を抱えることになります。

後醍醐天皇
(고다이고 천황)

　元々、御家人との信頼関係を基軸に、それを権力基盤にしていた幕府は、構造的にはさほど強固なものではありませんでした。こうした社会不安に対して、時の後醍醐天皇は、平安時代以前の天皇親政を画策します。

　北条氏へ不満を持つ御家人がこれに呼応したことが、鎌倉幕府の急速な瓦解へとつながります。朝廷への鎮圧に鎌倉から向かった足利尊氏が幕府に反旗を翻し、京都を制圧。関東では新田義貞が他の御家人と共に鎌倉を攻め、ついに北条氏を滅ぼします。1333年のことでした。

적 피해가 심각해 전쟁에 참가한 고켄닌의 다수가 새로운 토지를 포상받는 종래의 관례가 이행되기 어려웠으므로 피폐해져 막부에 대한 불만이 점차 높아졌습니다. **화폐경제**의 침투는 옛날처럼 토지 급부에 따라 고켄닌에게 **보수**를 지급하는 방식과의 사이에 모순을 드러내게 되었습니다.

한편 분에이노 에키와 고안노 에키 후에 막부 내부에서도 정쟁이 일어나 그 후 호조씨는 독재 체제의 강화를 획책했지만 오히려 실정이 잇따르자 이에 불만을 품는 고켄닌이 많아졌습니다. 고켄닌 중에는 막부 통치 외부에서 독자적으로 세력을 축적하는 자가 생겨나 막부는 갖가지 불안 요인을 떠안게 되었습니다.

본래 고켄닌과의 신뢰 관계를 기축으로 권력 기반을 다졌던 막부는 구조적으로 그리 탄탄한 체제가 아니었습니다. 이런 사회불안에 대처해 당시 고다이고 천황은 헤이안 시대 이전과 같은 천황 친정을 시도했습니다.

호조씨에게 불만을 품고 있던 고켄닌이 이에 호응하자 가마쿠라 막부는 급속히 와해되기 시작했습니다. 조정을 진압하기 위해 가마쿠라에서 출발한 아시카가 다카우지가 막부에 반기를 들고 교토를 제압했습니다. 간토에서는 닛타 요시사다가 다른 고켄닌과 합세해 가마쿠라를 공

足利尊氏
(아시카가 다카우지)

　足利尊氏も新田義貞も共に、源氏と血縁のある有力御家人でした。

　足利尊氏が京都を抑えると、一時は幕府に攻められ、隠岐の島に流されていた後醍醐天皇が京都に戻り、朝廷による政権の復活を宣言します。鎌倉幕府の滅亡と共に始まった、後醍醐天皇による朝政のことを建武の新政と呼んでいます。

　鎌倉幕府は源頼朝によって1192年に開かれ、1333年に滅びるまでの141年間に亘る政権でした。しかし、その政治形態は、建武の新政が程なく瓦解した後、足利尊氏によって新たに継承されます。鎌倉幕府は武家政権が伸張してゆくための土台作りの時期だったのです。

南北朝時代とはどんな時代か？

　建武の新政による朝廷独裁政権は約3年で崩壊します。

　後醍醐天皇は、朝廷を頂点とした政権を構想しますが、なんといっても武士の協力なしには全国を平定することは不可能です。しかし、天皇は強引に律令時代への復古を求めた政策を断行し、鎌倉幕府によって培われた制度や権威、そして政策を否定します。こうした極端な

격했고 마침내 호조씨를 멸망시켰습니다. 1333년의 일이었습니다. 아시카가 다카우지와 닛타 요시사다는 모두 겐지와 **혈연관계에 있는** 유력 고케닌이었습니다.

아시카가 다카우지가 교토를 진압하자, 한때 막부에 내몰려 오키노시마로 흘러들어가 있던 고다이고 천황이 교토로 되돌아와 조정에 의한 정권 부활을 선언합니다. 가마쿠라 막부의 멸망과 함께 시작된, 고다이고 천황에 의한 조정을 **겐무 신정**이라고 부릅니다.

가마쿠라 막부는 미나모토 요리토모에 의해 1192년에 시작되어 1333년 멸망할 때까지 141년에 걸쳐 유지된 정권입니다. 그러나 그 정권 형태는 머지않아 겐무 신정이 무너지고 나서 아시카가 다카우지에 의해 새로이 계승되었습니다. 가마쿠라 막부는 무가 정권이 발전하기 위한 토대 작업이 이루어진 시기라고 할 수 있습니다.

남북조 시대는 어떤 시대인가?

겐무 신정에 의한 조정의 독재 정권은 약 3년 만에 붕괴됩니다.

고다이고 천황은 조정을 정점으로 한 정권을 구상했지만 뭐라 해도 무사의 협력 없이 전국을 평정하기란 불가능

復古主義と武士への差別行為が、新たな**社会混乱**を生み、朝廷政権からの武士の**離反**へとつながるのです。

建武の新政の立役者であった足利尊氏が、ついに後醍醐天皇から離反し、後醍醐天皇派の有力武将であった楠木正成、新田義貞を**湊川の戦い**で打ち破り、京都にはいります。後醍醐天皇は、最初は比叡山に、そして最終的には現在の奈良県にある吉野へと逃れ、そこに自らの朝廷を打ち立てます。

楠木正成像(東京都)
구스노키 마사시게 동상
(도쿄 도)

足利尊氏は、元々後醍醐天皇と対立していた皇族グループから光明天皇を擁立し、1336年に京都に政権を樹立します。そして1338年には征夷大将軍となり、正式に幕府が開かれます。室町幕府の成立です。後醍醐天皇が開いた朝廷を**南朝**、光明天皇による朝廷を**北朝**と呼びます。1392年に改めて2つの朝廷が1つにまとまるまでの**南北朝時代**の始まりです。

南北朝時代は、室町幕府の地盤が軟弱で、2つの朝廷が争っていたのみならず、幕府内部の抗争も多かった時代でした。その様子は『太平記』としてまとめられ後世まで語り伝えらます。『太平記』は正確な著者は不明ですが、源氏と平家の抗争を綴った『**平家物語**』と共に、日本を代表する**軍記物語**として知られています。

『太平記』
南北朝時代の2つの朝廷の争い・内部抗争をまとめた軍記物語(40巻)

했습니다. 그러나 천황은 막무가내로 율령 시대로의 복귀를 부르짖는 정책을 단행해 가마쿠라 막부 때 형성된 제도와 권위, 정책을 부정합니다. 이런 극단적인 복고주의와 무사에 대한 차별 행위가 새로운 **사회 혼란**을 일으켜 조정 정권에서 벗어나려는 무사의 **배반**으로 이어집니다.

겐무 신정의 중심인물인 아시카가 다카우지가 마침내 고다이고 천황을 배반하고 고다이고 천황파의 유력 무장인 구스노키 마사시게, 닛타 요시사다를 **미나토가와 전투**에서 무찌르고 교토로 들어갑니다. 고다이고 천황은 처음에는 히에이잔으로, 종국에는 현재의 나라 현에 있는 요시노로 피해 그곳에서 자신의 조정을 세웁니다.

아시카가 다카우지는 일찍이 고다이고 천황과 대립 관계에 있던 황족 그룹에서 고묘 천황을 옹립해 1336년에 교토에 정권을 수립합니다. 그리고 1338년에는 세이이타이쇼군이 되어 정식으로 막부가 열리고 무로마치 막부가 성립됩니다. 고다이고 천황이 연 조정을 **남조**, 고묘 천황에 의한 조정을 **북조**라고 부릅니다. 1392년 다시 두 조정이 하나로 합쳐질 때까지에 이르는 **남북조 시대**의 막이 오릅니다.

남북조 시대는 무로마치 막부의 지반이 약해 두 조정이 싸우고 있었을 뿐 아니라 막부 내부의 항쟁도 빈번했던

武家政権は、幕府という政治制度と共に成長し、17世紀に**徳川幕府**が設立した時に完成します。室町幕府の時代は、その成長の過程における様々な矛盾が戦乱という形で調整される時代です。まずは、朝廷と武家との権力を巡った綱引きが生み出した南北朝2つの政権の確執、そして次が、後年の戦国時代で、それは武士がより強力な中央集権体制へと進む過程で起きた分裂と抗争の時代でした。室町時代は、237年に及ぶ足利家による統治の中に、この2つの混乱の時期を含んでいます。

　室町幕府は、3代将軍足利義満の時代になってとりあえず安定します。それは室町幕府の名前となった、花の御所が、将軍家の居所として1381年に京都の室町に建てられた頃のことでした。

시대였습니다. 당시의 모습은 『**다이헤이키**태평기의 기록』에 기술되어 후세까지 읽히고 있습니다. 『다이헤이키』의 정확한 저자는 알 수 없으나 겐지와 헤이케의 항쟁을 기록한 『**헤이케 이야기**』와 함께 일본을 대표하는 **전쟁 이야기**로 알려져 있습니다.

무가 정권은 막부라는 정치체제와 함께 성장해 17세기 **도쿠가와 막부**가 설립된 시기에 이르러 완성됩니다. 무로마치 막부 시대는 그 성장 과정에서 나타난 갖가지 모순이 전란이라는 형태로 조정되는 시대입니다. 첫 번째가 조정과 무가 사이에 권력을 둘러싼 줄다리기가 빚어낸 남북조 두 정권의 불화 시대이고, 그다음이 훗날 전국 시대에 무사들이 더욱 강력한 중앙집권 체제로 이행하는 과정에서 일어난 분열과 항쟁의 시대였습니다. 무로마치 시대는 237년에 걸친, 아시카가 집안에 의한 통치 기간을 의미하지만 여기서는 혼란스러운 이 두 시기를 포함합니다.

무로마치 막부는 3대 쇼군인 아시카가 요시미쓰 시대에 이르러 어느 정도 안정됩니다. 이때가 무로마치 막부의 명칭이 된 하나노고쇼아시카가의 저택가 1381년 교토의 무로마치에 지어진 무렵이었습니다.

> 『**다이헤이키**』
> 남북조 시대의 두 조정의 다툼·내부 항쟁을 모은 전쟁 이야기 (40권)

터닝 포인트 10 応仁の乱

　足利義満の頃の室町幕府は、有力な守護によって将軍である義満の施政を支える体制をとっていました。将軍に**求心力**がある間は、その体制は安泰でした。しかし、いったん将軍の**後継問題**や守護間の**権力闘争**が顕在化したとき、室町幕府はその体制の脆弱さを露呈してしまいます。

　当時、守護は自らの領国での統治権を拡大し、単に幕府の派遣した**官吏**というよりも、その地域全体を統治する実力者へと成長していました。平安時代以来の荘園や朝廷の直轄領もその中に吸収され、有力武士による全国支配が**既成事実化**してゆきました。このように力を蓄えた守護のことを、**守護大名**と呼びます。室町時代には、そ

오닌의 난

아시카가 요시미쓰가 집권할 당시 무로마치 막부는 유력한 슈고^{군사 지휘관}가 쇼군인 요시미쓰의 시책을 지지하는 체제를 취하고 있었습니다. 쇼군에게 **구심력**이 있는 동안에는 그런 체제가 안정적이었습니다. 그러나 쇼군의 **후계자 문제**나 슈고 간의 **권력투쟁**이 표면화되자 무로마치 막부는 체제의 취약점을 그대로 노출하게 되고 맙니다.

당시 슈고는 자신의 영지에 대한 통치권을 확대해 단순히 막부가 파견한 **관리**가 아니라 그 토지 전체를 통치하는 실력자로 성장했습니다. 헤이안 시대 이후 장원과 조정의 직할령도 이들 토지에 흡수되어 유력 무사가 전국을 지배하는 형태가 **기정사실화**되어갔습니다. 이렇게 힘을 축적한 슈고를 **슈고다이묘**라고 부릅니다. 무로마치 시대

うした守護大名と幕府の頂点にある征夷大将軍との微妙な均衡関係によって政権が維持されていたのです。

　そんな有力守護大名に細川勝元と山名宗全という人物がいました。彼らは特に幕府に影響力をもった存在で、細川勝元は、幕府の最も重要なポストである管領を務め、一方の山名宗全は幕府の軍務を担当した有力者の一人でした。彼らは、将軍の後継問題や他の有力守護大名の家督相続などにも影響力を持つ中で、次第に利害が対立するようになります。

　時の将軍は8代将軍足利義政です。義政は幼くして将軍職を継いだこともあり、政治の実態は細川や山名のような有力守護大名がつとめていました。そんな二人がある有力守護大名の家督相続への介入を巡ってついに戦をおこしてしまいます。1467年のことでした。細川勝元も山名宗全も地方に多くの領国をもっており、またそれぞれを支持する武士もいたため、戦火は全国に拡大してしまったのです。特に京都では市内が焼き尽くされるほどの戦いが10年も続きます。

　多くの歴史的にも貴重な建造物が失われ、人々は戦火に追われ逃げ惑います。将軍自身、京都から郊外に逃れ、京都の東[東山]にある**山荘**にこもります。この山荘

에는 그러한 슈고다이묘와 막부의 최고점에 있는 세이이타이쇼군 사이의 미묘한 균형 관계에 의해 정권이 유지되었습니다.

그런 유력 슈고다이묘 중에 호소카와 가쓰모토와 야마나 소젠이라는 인물이 있었습니다. 그들은 특히 막부에 영향력을 발휘한 존재로, 호소카와 가쓰모토는 막부의 가장 중요한 지위인 간레이^{관령}를 역임했고, 야마나 소젠은 막부의 군무를 담당하는 유력자 중 한 사람이었습니다. 그들은 쇼군의 후계자 문제와 다른 유력 슈고다이묘의 가독 상속 등에도 영향력을 미쳤기 때문에 점차 이해관계가 대립되어갔습니다.

당시 쇼군은 8대 쇼군인 아시카가 요시마사였습니다. 요시마사는 어린 나이에 쇼군직을 물려받았기 때문에 정치 실태는 호소카와나 야마나 같은 유력 슈고다이묘가 맡았습니다. 그런 두 사람이 어느 유력 슈고다이묘의 가독 상속 개입을 둘러싸고 마침내 싸움을 일으키게 됩니다. 1467년의 일이었습니다. 호소카와 가쓰모토도 야마나 소젠도 지방에 영토가 많았고, 게다가 각각 지지하는 무사도 있었기 때문에 전란은 전국으로 확대되었습니다. 특히 교토에서는 시내가 모두 불길에 휩싸이는 싸움이 10년이나 계속되었습니다.

銀閣寺(京都府)
은각사(교토 부)

は、足利義満のたてた**金閣寺**と対比し、**銀閣寺**と呼ばれ、今では京都を代表する建造物となっています。

応仁の乱は細川勝元と山名宗全の死後、1477年まで続きます。この乱の結果、室町幕府は衰弱し、日本全国に群雄が割拠する戦国時代へと推移します。

すでに、朝廷や貴族の世の中から、武士が歴史の中心に登場して285年。戦国時代は、律令体制と武家政権との矛盾や対立を一掃し、武士を中心とする国家体制が完成するための最後の混乱期だったのです。

역사적으로 귀중한 많은 건축물이 소실되었고 사람들은 전화에 쫓겨 우왕좌왕했습니다. 쇼군도 교토에서 교외로 도주해 교토의 동쪽^{히가시야마}에 있는 **산장**에서 두문불출했습니다. 이 산장은 아시카가 요시미쓰가 세운 **금각사**에 견주어 **은각사**라고 불렸으며, 지금도 교토를 대표하는 건축물입니다.

오닌의 난은 호소카와 가쓰모토와 야마나 소젠의 사후 1477년까지 계속됩니다. 이 난으로 무로마치 막부는 쇠약해지고 일본 전국이 군웅할거하는 전국 시대로 바뀝니다.

조정과 귀족의 세상에서 무사가 역사의 중심에 등장한 이래 이미 285년이 지난 때였습니다. 전국 시대는 율령 체제와 무가 정권의 모순과 대립을 일소하고 무사를 중심으로 한 국가 체제를 완성하기 위한 마지막 혼란기였습니다.

터닝 포인트 II 戦国時代

戦国時代はどのように推移したのか？

　戦国時代というと、日本中が戦乱に苦しみ、血で血を洗う乱世であったような印象を持つ人も多いでしょう。

　しかし、実態は必ずしもそうではありません。戦国時代は強大化した戦国大名による**分権**の時代であり、彼らによって、地方が開発され、商業や文化活動を通して人々が活発に活動できた時代だったのです。

　応仁の乱のあと、将軍の後継争いによって1493年の**明和の乱**がおきると、以後将軍の権威は完全に失墜し、地方では多くの守護大名がその一族や家臣によって滅ぼされるという事件が起こります。元々、室町時代には将軍は守護大名に、守護大名は自らの有力配下に支えられそ

전국 시대

전국 시대는 어떻게 바뀌었는가?

전국 시대라고 하면 일본 전체가 전란으로 고통받고, 참혹한 복수극이 오가는 난세로 여기는 사람이 많을 것입니다.

그러나 실태는 반드시 그렇지 않습니다. 전국 시대는 더 강대화된 센고쿠다이묘에 의해 **분권**이 이루어진 시대였고 이들에 의해 지방이 개발되고, 상업과 문화 활동을 통해 사람들이 활발하게 활동할 수 있는 시대였습니다.

오닌의 난 후에 쇼군의 후계자 다툼을 계기로 1493년 **메이와의 난**이 일어나자 이후 쇼군의 권위는 크게 떨어지고 지방에서는 많은 슈고다이묘가 그 일족과 가신에 의해 무너지는 사건이 일어납니다. 본래 무로마치 시대는 쇼

の地位を維持していたため、主君が暗愚であったり、内部抗争がおきたりすれば、下の地位の者が上の地位の者にとって代わることは、比較的容易だったのです。

また、地方では、親鸞の興した**浄土真宗**がそのわかりやすい教えをもって、全国に広がります。彼らのことを他の宗派は**一向宗**とよびます。特に15世紀に蓮如によって、本願寺を中心に門徒の組織化がすすむと、信徒がしばしば、地方の守護大名とも対立しました。加賀では、そんな対立によって、守護大名が追い出され、一向宗門徒による自治が行われたこともありました。こうした一向宗門徒による反乱を**一向一揆**と呼んでいます。

16世紀には、**下克上**によってのし上がってきた新たな領主が戦国大名として領国を支配します。彼らの勢力の伸長とともに、日本各地で小競り合いや、戦争が勃発するのです。甲斐[現在の山梨県]を中心に勢力を拡大した武田信玄と、越後[現在の新潟県]の覇者となった上杉謙信との争いや、周防[現在の山口県]に君臨していた守護大名大内氏が家臣に滅ぼされ、さらに毛利氏にとって代わられるなど、長く語り伝えられる攻防と興亡の物語が日本各地で見受けられます。

一方、戦国大名は、自らの領国を豊かにするために、

上杉謙信
(우에스기 겐신)

군이 슈고다이묘에게, 슈고다이묘는 자신의 유력 부하에게 받들어져서 지위를 유지하는 형태였기 때문에 주군이 아둔하거나 내부 항쟁이 일어나면 아랫사람이 윗사람을 대신하는 일은 비교적 쉬웠습니다.

또한 지방에서는 신란이 일으킨 **조도신슈**^{정토진종}가 알기 쉬운 가르침을 앞세워 전국으로 퍼져나갔습니다. 다른 종파는 조도신슈를 **잇코슈**^{일향종}라고 불렀습니다. 특히 15세기에 렌뇨에 의해 혼간지를 중심으로 문도가 조직화되었고, 때때로 신도가 지방 슈고다이묘와 대립했습니다. 가가^{현재의 이사카와 현}에서는 그러한 대립으로 슈고다이묘가 쫓겨나 잇코슈 문도에 의한 자치가 이루어지기도 했습니다. 이런 잇코슈 문도에 의한 반란을 **잇코잇키**라고 부릅니다.

16세기에는 **하극상**을 일으켜 지위에 오른 새로운 영주가 센고쿠다이묘가 되어 영지를 지배합니다. 그들의 세력이 신장됨에 따라 일본 각지에서는 작은 분쟁과 전쟁이 일어났습니다. 가이[현재의 야마나시 현]를 중심으로 세력을 확장한 다케다 신겐과 에치고[현재의 니가타 현]의 패자가 된 우에스기 겐신의 다툼이 있었고 스오[현재의 야마구치 현]에 군림하고 있던 슈고다이묘 오우치씨가 가신에서 패했으며 다시 모리씨로 바뀌는 등 장구한 역사로 전해지는

進んで経済活動を促進させ、京都などから文化人を呼んで領国に投資します。そして、戦国大名の居城は、城下町として商工業が振興し、人口も増えてゆきます。また、旧来の守護大名や貴族の保護によって特権化していた御用商人などを排除し、自由な交易や商業活動を保証した**楽市楽座**が設けられるなど、商業が振興したのも当時の特徴です。

領国の経営に成功し、他国を圧倒し勢力を伸長させた戦国大名は、やがて国の再統一に向けた野望をあらわにしてゆくのです。

フランシスコ・ザビエル
カトリック教会の司祭、宣教師でイエズス会の創設メンバーの1人。1549年に日本に初めてキリスト教を伝えた。1506〜1552

鉄砲とキリスト教の伝来が日本にもたらしたものは？

戦国時代には、戦いの時代だからこそ必要な2つのものが日本に伝来します。1つが**殺戮**の道具である鉄砲、そしてもう1つが愛と魂の**救済**を諭す宗教です。鉄砲が種子島に漂着したポルトガル人によってもたらされたのは1543年。そしてその6年後にはフランシスコ・ザビエルによってキリスト教が伝導されます。

いうまでもなく、鉄砲の伝来は、戦国時代の戦いの概

공방과 흥망의 이야기가 일본 각지에서 일어납니다.

한편 센고쿠다이묘는 자신의 영지를 윤택하게 하기 위해 직접 경제 활동을 촉진시키고 교토 등으로부터 문화인을 불러들이는 등 영지를 위해 투자합니다. 그리고 센고쿠다이묘가 거주하는 지역은 조카마치라고 해서, 상공업이 발달하고 인구도 늘어났습니다. 또한 종래의 슈고다이묘와 귀족의 보호에 따라 특권화된 어용상인 등을 배제하고 자유로운 교역과 상업 활동을 보증하는 **라쿠이치라쿠자**자유경제구역가 설치되는 등 상업이 진흥된 것이 당시의 특징입니다.

영지의 경영에 성공하고 타국을 압도해 세력을 신장시킨 센고쿠다이묘는 마침내 국가의 재통일을 향한 야망을 노골적으로 드러냅니다.

총포와 크리스트교의 전래가 일본에 가져다준 것은?

전국 시대는 전쟁의 시대였기 때문에 그에 필요한 물건 두 가지가 일본에 전래됩니다. 하나는 **살육**의 도구인 총포이고 또 하나는 사랑과 영혼의 **구제**를 설파하는 종교입니다. 총포는 다네가시마에 표착한 포르투갈인에 의해 1543년에 전해졌습니다. 그리고 그로부터 6년 후에 프란

> 種子島の島主、種子島時尭(ときたか)がポルトガル人から鉄砲を購入し、家臣にその製法を学ばせた。鉄砲が、「種子島」という名で国内に広まり、生産されるようになった背景には、日本の刀鍛冶の技術力があった

> **マルコ・ポーロ**
> ヴェネツィア共和国の商人、旅行家。『東方見聞録』を口述したとされる。1254〜1324

念を大きく変えました。そしてキリスト教は交易船と共にもたらされたこともあって、多くの戦国大名から保護され、中にはキリスト教に改宗する大名まであらわれました。現在の大分県にあたる豊後の大名、大友宗麟はそのひとりで、こうした大名は**キリシタン大名**と呼ばれました。

これは、ヨーロッパでの**大航海時代**の賜物です。16世紀、ポルトガルはマカオに、スペインはマニラに拠点を設けて、東アジアでの交易に積極的でした。彼らは、中国の元を訪れたマルコ・ポーロが、著書『**東方見聞録**』で、日本を黄金の国と紹介したことから、中国でさらに情報を収集し、日本へ船出したのです。航海による交易は、単にヨーロッパのものだけではなく、中国や東南アジアの商品の日本への伝播にも一層貢献し、同時に日本の文物が西欧に伝わりもしました。戦国時代の終末期である1582年には、キリシタン大名が、**天正遣欧使節**と呼ばれる少年使節をローマ法皇庁に派遣しています。

遥か海の向こうからの交易船の到来は、日本人にも新たな海外への夢を育みます。特に鉄砲の輸入と戦国大名への販売は、商人に莫大な利益をもたらし、堺はそんな商人たちによって造られた**都市国家**として繁栄します。

시스코 자비에르에 의해 크리스트교가 전도되었습니다.

두말할 것 없이 총포의 전래는 전국 시대의 전투의 개념을 크게 바꾸었습니다. 그리고 크리스트교는 교역선과 함께 전해져 많은 센고쿠다이묘의 보호를 받았으며, 그중에는 크리스트교로 개종하는 다이묘도 나타났습니다. 현재의 오이타 현에 해당하는 분고의 다이묘인 오토모 소린이 그중 한 사람이며, 이런 다이묘를 **크리스천 다이묘**라고 불렀습니다.

이것은 유럽의 **대항해 시대**의 결과입니다. 16세기에 포르투갈은 마카오에, 스페인은 마닐라에 거점을 두고 동아시아에서 적극적으로 교역을 벌였습니다. 그들은 원나라를 방문한 마르코 폴로가 『동방견문록』에서 일본을 황금의 나라로 소개한 데 따라 중국에서 한층 더 정보를 수집해 일본으로 출항한 것입니다. 항해를 통한 교역은 단순히 유럽의 물품만 들여오는 것이 아니라 중국과 동남아시아의 상품이 일본으로 전파되는 데 크게 공헌했으며 동시에 일본의 문물이 서구에 전해지기도 했습니다. 전국 시대가 끝날 무렵인 1582년에는 크리스천 다이묘가 **덴쇼 사절**이라는 소년 사절단을 로마 교황청에 파견합니다.

머나먼 바다 건너편에서 온 교역선은 일본인에게 새로운 해외로 향하는 꿈을 키워주었습니다. 특히 총포를 수

프란시스코 자비에르
가톨릭교회의 사제, 선교사로서 예수회 창설 멤버의 한 사람. 1549년 일본에 처음으로 크리스트교를 전했다. 1506~1552

다네가시마의 영주인 다네가시마 도키타카가 포르투갈인으로부터 총포를 구입하고 가신에게 그 제조법을 배우도록 했다. 총포가 '다네가시마'라는 이름으로 국내에 퍼져 생산되게 된 배경에는 일본 도공의 기술력이 있었다

마르코 폴로
베네치아 공화국의 상인, 여행가. 『동방견문록』을 구술했다고 한다. 1254~1324

彼らは逆に東南アジアに積極的に進出し、各地に**日本人町**を建設します。日本人にとっての大航海時代の到来であり、それは、日本人が自ら積極的に海外に交易を求めた珍しい事例となりました。ベトナム中部のホイアンなどには、そうした日本人町の**名残**が今も残っています。戦国大名の経済振興策で、商業活動が活発になり、貨幣経済が浸透したことが、西欧やアジアとの交易を刺激したのです。

　1575年、急速に台頭してきた1人の戦国大名が、キリスト教を保護し、交易によって入手した鉄砲で新手の軍団を造り、有力な戦国大名であった武田の**騎馬軍団**を打ち破るという事件がおきました。有名な**長篠の合戦**です。この戦いに勝利した織田信長こそが、戦国時代の最後の勝者として、日本の再統一へ王手をかけるのです。

ホイアン
ベトナム中部の港町。鎖国に入るまで日本人街が栄えた

입해 센코쿠다이묘에게 판매하는 형태로 상인들은 막대한 이익을 챙겼고 그런 상인들에 의해서 만들어진 사카이는 **도시국가**로서 번영을 누립니다. 그들은 한편으로는 동남아시아에도 적극적으로 진출해 각지에 **일본인 거류지**를 건설합니다. 일본인에게 이른바 대항해 시대가 도래했고, 이는 일본인이 직접 나서서 적극적으로 해외 교역을 모색한 흔치 않은 사례입니다. 베트남 중부의 호이안 등에는 당시 일본인 거류지의 **흔적**이 지금도 남아 있습니다. 센코쿠다이묘의 경제 진흥책으로 상업 활동이 활발해지고 화폐경제가 침투한 것이 서구와 아시아의 교역을 자극했던 것입니다.

1575년 급속하게 대두한 센코쿠다이묘의 한 사람이 크리스트교도를 보호하고 교역을 통해 입수한 총포로 새로운 방식의 군단을 만들어서 유력한 센코쿠다이묘인 다케다 **기사 군단**을 격파하는 사건이 일어났습니다. 유명한 **나가시노 전투**입니다. 이 전투에서 승리한 오다 노부나가가 전국 시대의 최후의 승자이며 일본의 재통일을 이룩해낸 인물입니다.

호이안
베트남 중부의 항구. 쇄국에 들기 전까지 일본인 거리가 번창했다

터닝 포인트 12

信長・秀吉・家康

織田信長とはどんな人物か？

歴史の転換点には、**過去を壊す**人が必要になります。

その人は、旧体制側にいて、あえてその保守的な行動によって旧体制そのものへの反発の波をおこし、体制とともに滅びてゆくこともあります。また、ある人は外からやってきて革命的な**破壊活動**を行います。

尾張[現愛知県]の守護の代官を務め、そのまま尾張の戦国大名にのし上がった織田家は、旧来の制度の中から下克上によって歴史の表舞台に出てきた一族です。しかし、小国の主であった織田家の当主として生まれ、隣国の有力守護大名である今川義元を**奇襲**によって殺害し、その後尾張から美濃一帯を平定した後に1568年に京都に

노부나가·히데요시·이에야스

오다 노부나가는 어떤 인물인가?

역사의 전환점에서는 **과거를 파괴하는** 인물이 필요합니다.

그런 인물은 구제도의 편에서 무리하게 보수적인 행동을 강행함으로써 구체제에 대한 반발을 불러일으켜 결국 체제와 함께 멸망하기도 합니다. 또 어떤 인물은 외부에서 나타나 혁명적인 **파괴 활동**을 합니다.

오와리[현재의 아이치 현]에서 슈고의 다이칸 책무를 맡았다가 바로 오와리의 센고쿠다이묘에 오른 오다 집안은 구제도의 한가운데서 하극상을 통해 역사의 전면에 나타난 일족입니다. 오다 노부나가는 소국의 주인이었던 오다 집안의 당주로 태어났습니다. 인접국의 유력 슈고다이묘인 이마가와 요시모토를 **기습**해 살해한 뒤 오와리에

入り、15代将軍足利義昭を**担ぎ出して**天下に覇を唱えようとした織田信長は、外から体制を破壊しようと試みた人物かも知れません。

1571年には、平安時代以来、為政者への強い影響力を維持してきた比叡山を攻撃し、多くの僧侶を殺害します。次に、織田信長と対立しはじめた足利義昭を1573年に京都から追放し、室町幕府を実質上滅ぼします。その後、一向一揆を壊滅させたかと思えば、キリスト教を保護し、西欧の文物の輸入を積極的に行います。そのために、商業都市として繁栄していた堺を抑えて鉄砲を大量に購入し、その鉄砲隊の威力で甲斐の武田氏を圧倒します。こうした彼の活動は、**ポルトガルの宣教師**などによってヨーロッパにも伝えられました。

信長は自らの配下への人事でも革新的でした。彼が武士の身分の中で最も低い足軽の家に生まれた木下藤吉郎を**抜擢**し、最終的には自らの有力家臣へと昇進させた異例の人事を行ったのは有名です。この藤吉郎こそが、信長の死後天下を統一する豊臣秀吉に**他なりません**。

信長は京都の北東、琵琶湖に面した安土に安土城を建設し、そこに自由な商業活動を保証した**楽市楽座**を設けます。同時に**関所**を撤廃し、政治の上では**絶対君主**のよ

서 미노 일대를 평정한 후 1568년 교토로 들어와 15대 쇼군인 아시카가 요시아키를 **추대해** 온 천하에 패권을 주창합니다. 이를테면 오다 노부나가는 외부에서 체제를 파괴하고자 시도한 인물입니다.

1571년에는 헤이안 시대 이후 위정자에게 강한 영향력을 유지해온 히에이잔을 공격해 많은 승려들을 살해합니다. 뒤이어 오다 노부나가와 대립하고 나선 아시카가 요시아키를 1573년에 교토에서 추방해 무로마치 막부를 실질적으로 멸망시킵니다. 그 후에 잇코잇키를 잠재웠으나 다시금 크리스트교를 보호하고 서구 문물을 적극적으로 수입합니다. 그로 인해 상업 도시로 번영을 누리고 있던 사카이를 제압해 총포를 대량으로 구입하고 총포 부대의 위력을 내세워 가이의 다케다씨를 압도합니다. 그러한 노부나가의 활동은 **포르투갈 선교사** 등을 통해 유럽으로 전해졌습니다.

노부나가는 부하들의 인사에서도 혁신적이었습니다. 그가 무사 신분 중에서 가장 낮은 아시가루 집안 출신인 기노시타 도키치로를 **발탁**해 최종적으로 자신의 유력 **가신**으로 승진시킨 이례적인 인사 단행은 유명합니다. 그 기노시타 도키치로가 **다름 아닌** 노부나가의 사후에 천하를 통일한 도요토미 히데요시입니다.

うに、自らを頂点とした強力な中央集権国家の創立を目指します。

この独創的な政策と天才的な軍事能力によって、信長は1582年には中部日本を統一し、さらに兵を西、そして北へと進めます。

しかし、その年の6月に、彼の有力な家臣、明智光秀の裏切りにあい、京都で奇襲を受けて死亡します。このクーデターを**本能寺の変**といいます。

織田信長は、戦国時代を終焉に導き、新しい時代への扉を開いた**独裁者**だったのです。

豊臣秀吉はどのようにして日本を統一したのか？

最下層の武士から身を起こし、織田信長に見いだされて昇進を重ね、信長の死後に天下を統一した豊臣秀吉は、日本史上希有な存在といえましょう。

織田信長が明智光秀に殺されたとき、秀吉は本州の西部を領有していた毛利氏との戦いの**最前線**にいました。

本能寺の変のニュースが伝わると、それを秘密にしたままに毛利側の有力武将と**和解**をし、自らの兵と共に瞬く間に京都に戻り、明智光秀を打ち破ります。そして、

노부나가는 교토의 북동쪽 비와코에 면한 아즈치에 아즈치 성을 건설하고 그곳에 자유로운 상업 활동을 보장하는 **라쿠이치라쿠자**를 설치했습니다. 동시에 **세키쇼**관문를 철폐하고 정치상에서는 **절대군주** 격인 자신을 정점으로 하여 강력한 중앙집권 국가 건설을 목표로 삼았습니다.

이 독창적인 정책과 천재적인 군사 능력을 바탕으로 노부나가는 1582년에 중부 일본을 통일하고 계속해서 군사를 서쪽으로, 북쪽으로 전진시킵니다.

그러나 그해 6월에 노부나가는 그의 유력한 가신인 아케치 미쓰히데의 배신으로 교토에서 기습을 당해 사망합니다. 이 쿠데타를 **혼노지의 변**이라고 합니다.

오다 노부나가는 전국 시대를 종식시키고 새로운 시대를 연 **독재자**였습니다.

도요토미 히데요시는 어떻게 일본을 통일했는가?

최하층의 무사에서 입신해 오다 노부나가에게 발탁된 뒤 승진을 거듭한 끝에 노부나가의 사후에 천하를 통일한 도요토미 히데요시는 일본사상 극히 보기 드문 존재라고 할 수 있습니다.

오다 노부나가가 아케치 미쓰히데에게 죽음을 당했을

自身が主導して織田信長亡き後の体制を固め、さらに彼と敵対するライバルを攻め滅ぼします。信長の死の翌年には、大阪に大阪城を建設し、信長の死と共に焼失した安土城に代わって、そこを自らの拠点にしたのです。

それから間もなく、信長の盟友で、最大のライバルでもあった徳川家康との戦いの後、家康と**和睦**し、臣従させます。同様に多くの有力大名が秀吉の巧みな威圧と外交の才によって次々と傘下となります。そして1590年に最後まで抵抗を続けた小田原の北条氏を滅ぼし、遂に応仁の乱以来100年以上続いた戦国時代を終焉させたのでした。

豊臣秀吉は、北条氏が滅びると、江戸[現東京]に徳川家康をおき、関東を領有させます。朝廷は、秀吉に**関白**、そして**太政大臣**という、朝廷での最高位を与え、人々は秀吉のことを太閤秀吉と呼びました。

秀吉は、全国を米の収穫高に基づき検地し、その資料を元に有力大名の国替えなどを実施します。また、農村から武器を徴収し、武士が職業軍人として農民から区別されるよう制度化し、大規模な戸籍調査を行い**士農工商**という身分制度を固定化します。この農村での武器徴収のことを**刀狩り**と呼んでいます。また、ポルトガルな

検地・刀狩り
秀吉の施策として有名なのが検地と刀狩り。全国を米の収穫高に基づき検地し、全国の国替えに利用する、また農村から武器を徴収することで、一揆を抑え、兵農分離を進めた

때 히데요시는 혼슈 서부를 영유한 모리씨와의 전투 **최전선**에 있었습니다.

혼노지의 변의 소식이 전해지자 그 사실을 숨긴 채 모리 측의 유력 무장과 **화해**하고서는 병사를 이끌고 눈 깜짝할 사이에 쿄토로 돌아와 아케치 미쓰히데를 쓰러뜨립니다. 그리고 주도권을 잡고서 오다 노부나가의 사망 후 체제를 강화하고 그와 적대관계에 있던 경쟁자를 공격해 섬멸합니다. 노부나가가 죽은 이듬해에는 오사카에 오사카 성을 건설하고 노부나가가 죽을 때 함께 소실되었던 아즈치 성을 대신해 자신의 거점으로 삼습니다.

그러고 나서 얼마 후 노부나가의 맹우이자 최대 경쟁자였던 도쿠가와 이에야스와 전쟁을 치르지만 **화목**을 맺고 이에야스를 신하로 삼습니다. 마찬가지로 많은 유력 다이묘가 히데요시의 교묘한 위압과 외교 수완에 의해 줄지어 산하에 들게 되었습니다. 그리고 1590년 마지막까지 저항을 계속한 오다와라의 호조씨를 멸망시키고 마침내 오닌의 난 이후 100년 이상 계속된 전국 시대를 종식시켰습니다.

도요토미 히데요시는 호조씨가 멸망하자 에도[현재의 도쿄]에 도쿠가와 이에야스를 두고 간토 지방을 맡겼습니다. 조정은 히데요시에게 **간파쿠**^{천황을 보좌해 국정을 총괄하는 직책},

どの日本への領土的な野心を警戒し、宣教師のキリスト教の布教を禁止する**禁教令**を1587年に発布しています。

織田信長から豊臣秀吉に至る時代を、安土桃山時代と呼びます。織田信長が全国統一の礎を築き、それを引き継いだ豊臣秀吉が、単に領土の上だけではなく、検地などを通して人と土地を国家制度の中に組み込んで統率していったのです。

武士の支配が力の支配だけでなく、過去の**荘園制度**や**律令制度**を凌駕してゆくためには、土地と生産力を把握し、武士を頂点とした**身分制度**を完成させる必要がありました。秀吉が全国を平定したとき、以前の鎌倉幕府や室町幕府とは異なった、貴族や寺社を排除した、武士による日本の一元支配が完成したのです。

徳川家康は、どのようにして幕府を開いたのか？

戦国時代の混乱を経て、また源頼朝が鎌倉幕府を開いて以来成長してきた武士の長による統治体制の様々な矛盾を経て、日本が国家として安定するには、3人の天才的な為政者の存在が必要でした。

織田信長が土台をつくり、豊臣秀吉が日本を統一し、

다이죠다이진이라는 조정의 최고위직을 하사했고 사람들은 히데요시를 다이코히데요시라고 불렀습니다.

히데요시는 전국을 쌀 수확고에 따라 토지 검사하고 그 자료를 근거로 유력 다이묘의 영지를 조정하는 등의 사업을 실시합니다. 또한 농촌의 무기를 몰수해 무사를 직업 군인으로 분류하고 농민과 구별되도록 제도화했으며 대규모 호적 조사를 실시해 **사농공상**이라는 신분 제도를 견고히 합니다. 당시 농촌에서 무기를 몰수한 조치를 **가타나가리**라고 합니다. 또한 포르투갈 등의 일본을 향한 영토적 야심을 경계하고 선교사의 크리스트교 포교를 금지하는 **금지령**을 1587년에 발포합니다.

오다 노부나가에서 도요토미 히데요시에 이르는 시대를 아즈치모모야마 시대라고 부릅니다. 오다 노부나가가 전국 통일의 토대를 마련하고, 이를 계승한 도요토미 히데요시는 단순히 영토상에서뿐 아니라 토지 조사 등을 통해 사람과 토지를 국가제도로 편성해 통솔했던 것입니다.

무사에 의한 지배가 힘의 지배일 뿐 아니라 과거의 **장원 제도**와 **율령 제도**를 능가하기 위해서는 토지와 생산력을 정확히 파악하고, 무사를 정점으로 한 **신분 제도**를 완성시킬 필요가 있었습니다. 히데요시가 전국을 평정했을 때는 이전의 가마쿠라 막부와 무로마치 막부와는 다르게

토지 검사 · 가타나가리
히데요시의 시책으로써 유명한 것이 토지 검사와 가타나가리다. 전국을 쌀 수확고에 따라 토지 검사하고 전국의 영지를 조정하는 데 이용했다. 또 농촌으로부터 무기를 몰수함으로써 병사와 농민의 분리를 추진했다

それを引き継ぎ新たな幕府をつくったのが、江戸を拠点として成長した徳川家康でした。

徳川家康は、三河地方の小さな大名の子供として1542年に生まれ、様々な苦労を重ねながらも、織田信長の伸長とともに信長と同盟して勢力を拡大した人物です。豊臣秀吉とは互角に戦いながらも、最終的にはその政権に参加し、**五大老**の1人として江戸に盤石な地盤を築きました。

豊臣秀吉は、晩年にその政策にほころびができます。跡継ぎに指定した甥の豊臣秀次を廃し、遅くに生まれた我が子秀頼を後継者にします。また、中国の**明**や当時朝鮮半島を支配していた**李氏朝鮮**との外交関係が緊張すると、九州に兵を集結させ、朝鮮に1592年と1597年の2度に亘り侵入し、朝鮮に甚大な被害を与えます。この出兵は動員された大名にも大きな負担を与え、当時の政権を指導していた豊臣秀吉の**寵臣石田三成への反発も加速します。

1598年に豊臣秀吉が死去し、朝鮮への出兵は中止されます。そして、その翌年に盟友として秀吉を支えていた前田利家が秀吉の後を追うように亡くなると、**内部分裂が激化し、有力大名が2分されます**。反石田の勢力を束ね

文禄・慶長の役
中国明や李氏朝鮮との外交関係が緊張すると、秀吉は2度にわたって朝鮮に出兵。朝鮮に甚大な被害を与える

李氏朝鮮
朝鮮半島最後の王朝。李朝とも。1392～1910

귀족과 사원, 신사를 배제하고 무사에 의한 일본의 일원 지배가 완성되었습니다.

도쿠가와 이에야스는 어떻게 막부를 열었는가?

전국 시대의 혼란을 지나 미나모토 요리토모가 가마쿠라 막부를 연 이래 성장을 거듭하며 무사 수장에 의한 통치 체제의 갖가지 모순을 거쳐 일본을 안정된 국가로 만든 데는 천재적인 위정자 3인의 존재가 필요했습니다.

오다 노부나가가 토대를 만들고 도요토미 히데요시가 일본을 통일했으며 그 뒤를 이어 새로운 막부를 연 이가 에도를 거점으로 성장한 도쿠가와 이에야스였습니다.

도쿠가와 이에야스는 1542년에 미카와 지방의 조그만 영지를 보유한 다이묘의 아들로 태어나 갖은 고생을 겪었고 오다 노부나가가 신장함에 따라 그와 동맹을 맺어 세력을 확대한 인물입니다. 도요토미 히데요시와는 백중지세로 싸웠지만 최종적으로는 그의 정권에 참여해 **5다이로** 도요토미 정권에서 정무를 담당한 5대 유력 다이묘의 한 사람으로 에도에 견고한 기반을 구축합니다.

도요토미 히데요시는 만년에 그 정책에 허점을 보입니다. 후계자로 지정한 조카 도요토미 히데쓰구를 폐하고

ていたのが徳川家康で、ついにこの2者は1600年に京都と名古屋の中間にある関ヶ原で衝突します。**天下分け目の合戦**といわれた**関ヶ原の戦い**は、1日で決着がつき、徳川家康側が勝利。石田三成は間もなく京都で処刑されます。

徳川家康は、自らに味方した大名を中心にその地盤を固め、1603年に征夷大将軍に任命され江戸に幕府を開いたのです。そして、徳川幕府が大阪城で豊臣一族を滅ぼしたのは1615年のことでした。

織田信長は**破壊者**、豊臣秀吉は**創造者**、そして徳川家康は**統治者**として、この3人が、強烈な個性をもって、自らの意志ではないにせよ、歴史の転換のバトンを引き継ぎながら、日本を近代へとまとめてゆきました。

徳川家康を祀る神社として知られる**日光東照宮**には、3基の**神輿**があります。それがこの3人を祀る神輿である

日光東照宮にある徳川家康の墓（栃木県）
닛코도쇼구에 있는 도쿠가와 이에야스의 묘(도치기 현)

뒤늦게 얻은 아들 히데요리를 후계자로 삼습니다. 또한 **명나라**와 당시 한반도를 지배한 **조선왕조**와의 외교 관계가 긴장되자 규슈에 군사를 집결시켜 1592년과 1597년 두 차례에 걸쳐 조선에 침입해 막대한 피해를 입혔습니다. 조선 출병은 동원된 다이묘에게도 큰 부담을 주어 당시 정권을 지휘했던 도요토미 히데요시의 **총신** 이시다 미쓰나리에 대한 반발도 가속화됩니다.

1598년에 도요토미 히데요시가 서거하고 조선 출병은 중지됩니다. 그리고 이듬해에 맹우였고 히데요시를 받들어왔던 마에다 도시이에가 히데요시의 뒤를 좇기라도 하듯 사망하자 **내부 분열**이 격화되고 유력 다이묘가 **이분화**됩니다. 반(反)이시다 세력을 주도했던 인물이 도쿠가와 이에야스였고 마침내 이 두 사람은 1600년에 교토와 나고야의 중간 지점인 세키가하라에서 충돌합니다. **천하를 양분하는 전투**라고 부르는 **세키가하라 전투**는 하루 만에 판가름이 나고, 도쿠가와 이에야스 측이 승리를 거둡니다. 이시다 미쓰나리는 곧바로 교토에서 처형됩니다.

도쿠가와 이에야스는 스스로 가세한 다이묘를 중심으로 기반을 굳혔고 1603년 세이이타이쇼군으로 임명되어 에도에 막부를 엽니다. 그리고 도쿠가와 막부가 오사카 성에서 도요토미 일족을 멸한 것은 1615년의 일이었습니다.

분로쿠·게이쵸노에키(임진왜란·정유재란)
중국의 명나라와 조선과의 외교 관계가 긴장되자 히데요시는 두 차례에 걸쳐서 조선에 출병해 막대한 피해를 입혔다

조선(이씨 조선)
한반도의 마지막 왕조. 이조라고도 한다. 1392~1910

ことを考えれば、そのことがよく理解できます。3人が活躍できた土壌、それは旧習が壊され、下克上と実力主義に支えられた戦国時代だったのです。

오다 노부나가는 **파괴자**, 도요토미 히데요시는 **창조자**, 도쿠가와 이에야스는 **통치자**로서, 이 세 명은 강렬한 개성으로 본인의 의지와는 상관없이 역사의 전환점의 바통을 이어받아 일본을 근대로 이끌어갑니다.

도쿠가와 이에야스를 모시는 신사로 알려진 **닛코도쇼구**에는 세 대의 **신여**가 있습니다. 그것이 이 세 명을 모시기 위한 가마임을 생각하면 쉽게 이해가 됩니다. 세 명이 활약한 터전은 구습을 타파하고 하극상과 실력주의에 뒷받침을 받은 전국 시대였던 것입니다.

13 鎖国とキリスト教弾圧

ローマ教皇
カトリック教会のローマ司教にして全世界のカトリック教徒の精神的指導者

旧世界
コロンブスのアメリカ大陸発見以前にヨーロッパに知られていた世界のこと。対して、新世界とは、大航海時代に新たに発見した土地に対する呼称。新大陸ともいう

スパニッシュ・アーマーダ
スペインの無敵艦隊、1588年にスペイン国王フェリペ2世がイングランド遠征に派遣した艦隊

徳川幕府はどのような外交政策を展開したのか？

江戸時代の初期は世界史的にも大きな変動がありました。

ヨーロッパでは、16世紀の宗教革命を経て、**ローマ教皇**によるカトリック支配から自立した、イギリスやオランダという民族国家が台頭し、1588年にはイギリス海軍が、**旧世界**を代表する**スペインの無敵艦隊**を打ち破るという事件がおき、1609年には、新教徒の多いオランダが旧教の守護神でもあるスペインからの自治を獲得し、交易を生業とする**海洋国家**として発展をはじめます。

イギリスもオランダも、新大陸の経営にも積極的に参画し、1626年にはオランダは現在のニューヨークに

쇄국과 크리스트교 탄압

도쿠가와 막부는 어떤 외교 정책을 폈는가?

에도 시대 초기에는 세계사적으로도 커다란 변동이 있었습니다.

유럽에서는 16세기 **종교 개혁**을 단행해 **로마 교황**의 가톨릭 지배하에서 벗어난 영국과 네덜란드 민주국가가 대두했고, 1588년에는 영국 해군이 **구세계**를 대표하는 **스페인의 무적함대**를 격파하는 사건이 일어납니다. 1609년에는 신교도가 다수인 네덜란드가 구교의 수호신인 스페인으로부터 자치를 획득하고 교역을 생업으로 하는 **해양 국가**로 발전을 시작합니다.

영국과 네덜란드는 신대륙 경영에도 적극적으로 참여했으며 1626년에 네덜란드는 현재의 뉴욕에 뉴암스테르

로마교황
가톨릭교회의 로마 주교로서 전 세계 가톨릭교도의 정신적 지도자

구세계
콜럼버스의 아메리카 대륙 발견 이전에 유럽에 알려진 세계. 반면에 신세계란 대항해 시대에 새로 발견한 땅에 대한 호칭. 신대륙이라고도 한다

스페니시 아마다
스페인의 무적함대. 1588년에 스페인 국왕 펠리페 2세가 영국 원정에 파견한 함대

ニューアムステルダムという**植民地**を拓いています。

彼らは同時にアジアへも交易を求めます。両国とも**東インド会社**を設立し、ライバルであるスペインやポルトガルと商業上の覇権を競います。オランダは、1619年に現在のインドネシアのバタビア[現ジャカルタ]にオランダ商館を拓き、さらに東へと船を進めます。

イギリス人とオランダ人が最初に日本と交流したのは1600年のことでした。オランダ船に搭乗したイギリス人のウイリアム・アダムスとオランダ人ヤン・ヨーステンの二人が豊後[現大分県]に漂着し、二人とも徳川家康に厚遇されたのです。ちなみに、ヤン・ヨーステンの屋敷のあった場所であることが、現在の東京の八重洲の語源となっています。一方、ウイリアム・アダムスは、日本に帰化し三浦按針と名乗りますが、二人ともその後のイギリス、そしてオランダと日本との交易を拓いた**立役者**となります。

江戸幕府、特に徳川家康は、自らの財政基盤の強化のためにも、当初海外との交易に積極的で、**朱印船**という幕府が公認した交易船が東南アジア各地へ出向いて日本の銀や**樟脳**などを輸出し、**生糸**や砂糖などを日本にもって帰りました。

ウイリアム・アダムス像(長崎県)
*写真提供:木村直哉
윌리엄 애덤스 동상(나가사키 현)
*사진 제공: 기무라 나오야

ヤン・ヨーステン記念碑(東京都)
얀요스텐 기념비(도쿄 도)

담이라는 **식민지**를 개척합니다.

그들은 동시에 아시아에도 교역을 요구합니다. 양국 모두 **동인도 회사**를 설립하고 경쟁자인 스페인, 포르투갈과 상업상 패권을 다툽니다. 네덜란드는 1619년 인도네시아의 바타비아[현재의 자카르타]에 상관^{상업관}을 개척하고 계속해서 동쪽으로 항해해나갑니다.

영국인과 네덜란드인이 최초로 일본과 교류한 것은 1600년의 일이었습니다. 네덜란드의 상선에 탑승한 영국인 윌리엄 애덤스와 네덜란드인 얀 요스텐 두 사람은 분고[현재의 오이타 현]에 표착했습니다. 이들은 도쿠가와 이에야스로부터 후한 대우를 받습니다. 덧붙여 말하면 얀 요스텐의 저택이 있었던 장소가 현재 도쿄의 야에스^{도쿄 역 주변}의 어원이 되었습니다. 한편 윌리엄 애덤스는 일본에 귀화해 미우라 안진이라는 이름으로 불렸으며 두 사람 모두 그 후 영국, 네덜란드와 일본이 교역하는 데 **중심인물**이 됩니다.

에도 막부, 특히 도쿠가와 이에야스는 자신의 재정 기반을 강화하기 위해서 초기에 해외와의 교역에 적극적이었으며 **슈인센**이라고 하는 막부가 공인한 교역선이 동남아시아 각지를 돌며 일본의 은과 **장뇌** 등을 수출하고 **생사**와 설탕 등을 일본에 들여왔습니다.

伊達政宗公騎馬像
（宮城県）
다테 마사무네의 기마
상(미야기 현)

　貿易には、有力大名も投資し、仙台の大名である伊達政宗が支倉常長を太平洋経由でヨーロッパに派遣し、ローマ法王と謁見したのは有名な話です。

　しかし、スペインやポルトガルとイギリスやオランダとの争いは、日本での商業圏を巡る争いにもつながります。イギリスは1623年に自発的に日本から撤退しますが、オランダは平戸に商館を維持し、徳川政権にポルトガルやスペインのカトリックの布教を通した領土的野心を警告します。ポルトガルなどが独占していた中国からの生糸の輸入への利権争いもそれに拍車をかけました。こうした駆け引きが、その後の幕府の外交政策に大きな影響を与えてゆくのです。

徳川幕府はどのようにキリスト教を弾圧し、鎖国政策をすすめたのか？

　徳川幕府が成立した頃は、豊臣秀吉の朝鮮侵攻により、**李氏朝鮮や明**との関係が悪化していたときでした。西欧諸国との交易は、単にヨーロッパの商品の輸入のみならず、交流の途絶えていた中国との交流も間接的に促進する効果がありました。しかし、1609年には朝鮮との

무역에는 유력 다이묘도 투자에 참가했으며, 센다이의 다이묘인 다테 마사무네가 하세쿠라 쓰네나가를 태평양 너머 유럽으로 파견해 로마 교황을 알현한 일은 유명합니다.

그러나 스페인과 포르투갈, 영국, 네덜란드의 각축전은 일본의 상업권을 둘러싼 분쟁에서도 나타났습니다. 영국은 1623년에 자발적으로 일본에서 철퇴하지만 네덜란드는 히라도에 상관을 유지하며 도쿠가와 정권에 포르투갈과 스페인의 가톨릭 포교를 통한 영토적 야심을 경고합니다. 포르투갈 등은 중국으로부터 독점하고 있던 생사 수입을 위한 이권 다툼에까지 박차를 가했습니다. 이런 교섭책이 그 후 막부의 외교 정책에 큰 영향을 주게 됩니다.

도쿠가와 막부는 어떻게 크리스트교를 탄압하고 쇄국 정책을 펼쳤는가?

도쿠가와 막부가 성립되었을 무렵은 도요토미 히데요시의 조선 침공으로 **조선왕조**와 **명나라**의 관계가 악화되어 있을 때였습니다. 서구 제국과의 교역은 단순히 유럽의 상품을 수입하는 것이 아니라 단절된 중국과의 교류도 간접적으로 촉진시키는 효과가 있었습니다. 그러나 1609

国交が回復し、その後朝鮮は将軍の代替わりごとに**通信使**を派遣してくるようになります。

一方、南国の大大名薩摩は琉球を傘下にいれ、中国とも間接的に交易します。また、明との正式な国交は開かれませんでしたが、私的な貿易は次第に復活してきました。特に当時の中国からの重要な輸入品であった生糸は、ポルトガルの独占状態から、幕府の保護する糸割符商人による**価格カルテル**が成功し、ポルトガル人に大きな打撃を与えます。同時にオランダなどの新興国との交易もだんだん多くなってゆきます。

こうした状況の中で、キリスト教の布教に熱心なポルトガルやスペインとあえて交易をするメリットも幕府には少なくなり、逆に時の為政者は、旧教国が抱く、宗教の背後にある**領土的野心**に警戒感を持つようになります。

ついに徳川家康は1612年に**禁教令**を発布し、キリスト教徒の**弾圧**に乗り出します。その後の弾圧は時には過酷を極め、宗教画を模したものを踏ませ、躊躇(ちゅうちょ)した者は容赦なく弾劾されるという踏み絵などが行われ、特に信者の多かった九州では、訴追された者は火刑など、残酷な方法で処刑されました。

踏み絵(후미에)

년에는 조선과 국교를 회복했고 그 후 조선은 쇼군이 교체될 때마다 **통신사**를 파견해왔습니다.

한편 남쪽의 거대 다이묘인 사쓰마는 류큐^{지금의 오키나와}를 산하에 두고 중국과 간접적으로 교역합니다. 그리고 명나라와 정식으로 국교는 맺지 않았지만 사적인 무역은 점차 부활했습니다. 특히 당시 중국으로부터의 중요한 수입품인 생사는 포르투갈이 독점한 상태였으나 막부의 보호를 받는 생사분할독점 상인들이 **가격 동맹**을 맺는 데 성공해 포르투갈인에게 큰 타격을 주었습니다. 동시에 네덜란드 등 신흥국과의 교역도 점차 확대되어갔습니다.

이런 상황에서 막부가 구태여 크리스트교의 포교에 힘쓰는 포르투갈, 스페인과 교역해야 할 이점이 줄어들고, 오히려 당시 위정자들은 구교 국가들의 종교적 배후에 있는 **영토적 야심**에 경계감을 품게 되었습니다.

마침내 도쿠가와 이에야스는 1612년에 **금교령**을 발포하고 크리스트교도를 **탄압**하기 시작합니다. 그 후 탄압은 때때로 극도로 가혹해졌고 종교화를 모방한 그림을 밟도록 하여 이를 주저하는 자는 가차 없이 탄핵하는, 이른바 후미에^{그림 밟기} 등을 실시했습니다. 특히 신자가 많았던 규슈에서는 적발된 자를 화형 등 잔혹한 방법으로 처형했습니다.

幕府にとっては、戦国時代の一向一揆のように、体制のあり方と矛盾する宗教が急速に拡大することは脅威だったのです。

　同時に、九州の有力大名が独自に海外と交易をして財力をつけることも幕府は警戒しました。そのため、1624年のスペイン船の来航の禁止を皮切りに、1635年には日本人の海外渡航と帰国を一切禁止し、国を一気に閉ざしてゆきます。

　折悪しく、九州の島原で、圧政に苦しむキリスト教を信奉する農民が一斉に**蜂起**するという事件がおきます。この島原の乱での幕府軍の損害は甚大でした。

　その結果、幕府はキリスト教の弾圧を強化し、同時に長崎に人工の島である出島を築き、ポルトガルと断交、1641年以降、オランダ人のみ、そこでの交易を許可するという**鎖国**政策を打ち出したのです。以後、1854年まで

コラム: 鎖国で失ったもの

日本が鎖国を続ける中で、多くの技術が失われました。その代表的なものが、外洋まで出向くための大型船の建造と航海術でした。江戸時代初期まで西欧と同様海を渡り海外に進出できた日本の技術がすたれたことの代償を、幕末に日本が支払わなければならなくなったのです。

막부 입장에서 전국 시대의 잇코잇키처럼 현 체제와 모순되는 종교가 급속히 확대되는 것은 위협적인 일이었습니다.

동시에 규슈의 유력 다이묘가 독자적으로 해외와 교역해 재력을 쌓는 것도 막부는 경계했습니다. 그 때문에 1624년에 스페인 선박의 내항을 금지했으며 1635년에는 일본인의 해외 항해와 귀국을 일절 금지하고 순식간에 국가의 문을 걸어 닫았습니다.

때마침 규슈의 시마바라에서는 압정에 시달리던 크리스트교를 신봉하는 농민들이 일제히 **봉기**하고 나선 사건이 일어납니다. 이 시마바라의 난으로 막부의 병사가 입은 손실은 막대했습니다.

그 결과 막부는 크리스트교의 탄압을 강화하고 동시에 나가사키에 인공 섬인 데지마를 만들어 포르투갈과 단교하고 1641년 이후에는 네덜란드인만 그곳에서 교역할 수

칼럼: 쇄국 정책으로 잃은 것
일본은 쇄국을 계속 유지함으로써 많은 기술을 잃었습니다. 그 대표적인 것이 먼바다까지 항해하기 위해 필요한 대형 선박의 제조 기술과 항해술이었습니다. 에도 시대 초기까지 서양과 마찬가지로 바다를 건너 해외로 진출했던 일본의 기술이 쇠퇴하게 되었고 그 대가는 막부 말기에 치러야 했습니다.

天草四郎像(熊本県)
아마쿠사 시로 동상(구마
모토 현)

日本は世界から門戸を閉ざし、オランダ以外は、朝鮮、中国との限定的な交流のみが認められることになったのです。日本は急速に島国の中に収縮していったのでした。

있도록 허락하는 **쇄국 정책**을 내놓았습니다. 이후 1854년까지 일본은 세계와의 문호를 닫고 네덜란드 이외에 조선, 중국과 제한적인 교역만 인정했습니다. 일본은 급속히 섬나라 안으로 수축되어갔습니다.

14 サムライと江戸

터닝 포인트

　町人文化が江戸や大阪を彩っていた頃、武士は自らの**精神的な拠りどころ**としての**武士道**を大切にします。

　武士は、侍と呼ばれます。侍は「主君に仕える者」を意味し、主君に**忠誠を誓い**、**修養鍛錬**して変事に備えなければなりません。死を常に意識し、それを乗り越える強い精神が求められます。この侍独自の**人生美学**を武士道と呼ぶのです。しかし、江戸時代は平和な時代で、武士も役人として毎日を送り、上級武士は**贅沢に溺れ**、武士道が廃れていったともいわれています。

　武士道の背景には、幕府が奨励した**儒教**、特に上下関係の規律を説く**朱子学**があります。その他、禅や知行合一を説く**陽明学**のように、精神修養を重んずる学問が取

朱子
朱子学の創始者。宋代の儒学者、1130～1200

王陽明
陽明学の創始者。明代の儒学者、1472～1529

사무라이와 에도

초닌^{도시 상인} 문화가 에도와 오사카를 물들일 무렵에 무사는 자신들의 **정신적인 기반**인 **무사도**를 중시 여겼습니다.

무사는 사무라이라고 불렸습니다. 사무라이는 '주군을 섬기는 자'를 의미하며, 주군에게 **충성을 서약**하고 **수양을 연마**하며 변사에 대비합니다. 늘 죽음을 의식하면서도 그 죽음을 초월하는 강한 정신력이 요구됩니다. 이 사무라이의 독자적인 **인생 미학**을 무사도라고 합니다. 그러나 에도 시대는 평화로운 시대여서 무사도 관리와 다를 바 없는 매일을 보내고, 상급 무사는 **사치에 빠져** 무사도가 퇴색되어갔습니다.

무사도의 배경에는 막부가 장려한 **유교**, 특히 상하 관계의 규율을 설파한 **주자학**이 있습니다. 그 밖에 선과 지

주자
주자학의 창시자. 송나라 시대의 유학자, 1130~1200

昌平坂学問所があった湯島聖堂（東京都）
쇼헤이자카 학문소가 있었던 유시마 성당
（도쿄 도）

り入れられ、5代将軍徳川綱吉は、朱子学の学問所として昌平坂学問所を開校し、武士の官製学問所とします。

一方、それぞれの藩は、**藩校**を開いて、こうした学問を教え、武士のたしなみとしてゆきました。同時に剣術の腕のある者が剣術道場を開き、文のみならず武を鍛えるために、侍がそこに集まりました。

元禄時代、1702年に有力大名である吉良上野介に陥れられて改易[御家断絶]され、切腹した主君の敵をとろうと、浪人となった侍[赤穂浪士]四十七士が吉良家に**討ち入り**、見事に吉良上野介の首をとったという事件がおきました。

主君への恩を思い、その無念の死を敵討ちという形式で家臣が償ったことは、儒教的観点からも武士道の上からも、理想的なこととされました。しかし、幕府は有力大名である吉良上野介を殺害したことへの罪をどのよう

> 赤穂浪士の物語は、武士だけでなく庶民の間でも人気をはくし、以後さまざまに劇化され、今に伝わっている

행합일을 설파한 **양명학** 같은 정신 수양을 중시하는 학문이 도입되어 5대 쇼군인 도쿠가와 쓰나요시는 주자학의 교육기관으로서 쇼헤이자카 학문소를 세우고 무사의 국가 교육기관으로 삼았습니다.

한편 각각의 번은 **학교**를 세워 이러한 학문을 가르치고 무사의 소양을 키워나갔습니다. 동시에 검술 실력이 뛰어난 자가 검술 도장을 열어 학문뿐 아니라 무예를 연마하기 위해 사무라이들이 모여들었습니다.

겐로쿠 시대인 1702년에 유력 다이묘인 기라 고즈케노스케에게 함락되고 파면[집안을 멸함일가멸족]당해 할복한 주군의 원수를 갚고자 낭인이 된 47인의 사무라이[이 사건의 배경지가 아코 번이어서 이들을 아코의 떠돌이 무사〈아코로시〉라고 부른다]가 기라 집안에 **쳐들어가** 기라 고즈케노스케의 목을 벤 사건이 일어났습니다.

주군에 대한 은혜를 잊지 않고 그 원통한 죽음에 대한 원수를 갚음으로써 가신이 속죄했다는 이야기는 유교적인 관점에서도 무사도 정신에서도 이상적인 형태로 여겨졌습니다. 그러나 막부는 유력 다이묘인 기라 고즈케노스케를 살해한 데 대한 죄를 어떻게 지울 것인지 고심합니다. 결과적으로 47인 전원은 할복 명령을 받습니다. 단순한 사형과는 달리 할복은 무사가 자신의 배를 갈라 죽음을

왕양명
양명학의 창시자. 명나라 시대의 유학자, 1472~1529

아코로시의 이야기는 무사만이 아니라 서민 사이에서도 인기를 떨쳐 이후 여러 가지로 극화되어 지금에 전해지고 있다

に負わせるかという点で、苦慮します。結果、47人全員に切腹を申し付けます。すなわち、単なる死罪とは異なり、切腹は武士が自らの腹を切って死を選ぶという刑罰とは異なる名誉な行為なのです。まさに、当時の武士道のあり方が伺えます。

　豊臣秀吉が農民から刀を奪い、武士と農民の区別をつけて以来、武士は為政者側につく地位の高い存在でした。しかし、それは武士が官吏として幕府や藩の運営にあたる以外の仕事を持たない、非生産者であったことも意味しています。また、改易を受けた大名の元家臣などは浪人となり、かつ非生産者として苦しい生活を強いられます。この矛盾が徳川幕府の経済的歪みとなってゆくのです。

선택하는, 형벌과는 다른 명예로운 행위였습니다. 그야말로 당시 무사도 본연의 모습이 엿보입니다.

도요토미 히데요시가 농민으로부터 칼을 빼앗고 무사와 농민을 분리한 이래 무사는 위정자 측에 속하는 지위 높은 존재가 되었습니다. 그러나 그것은 무사가 관리로서 막부와 번의 운영을 돌보는 것 이외에는 아무 일도 못하는 비생산자임을 의미합니다. 또한 파직당한 다이묘의 가신은 낭인이 되고 동시에 비생산자로서 힘든 생활을 해야 했습니다. 이 모순이 도쿠가와 막부를 경제적으로 비뚤어지게 만듭니다.

ターニングポイント 15 徳川幕府の衰退

享保の改革とは？

　5代将軍徳川綱吉の時代は**奢侈**に傾いた時代でした。しかも、**明暦の大火**での江戸の救済など幕府の出費は多く、財政の立て直しが急務となりました。綱吉のあと登用された儒学者新井白石は、正徳の治と呼ばれる改革を進め、幕府の経費を節減しようとしましたが追いつきません。

　1716年に徳川吉宗が8代将軍に就任すると、新井白石を**罷免**し、**享保の改革**を断行します。吉宗は、御三家の1つである紀伊の徳川家から将軍になりました。そのため、以前からのしがらみが薄い分だけ、人材の登用なども積極的に行えます。地方の奉行であった大岡忠相を**江戸町**

도쿠가와 막부의 쇠퇴

교호의 개혁이란?

 5대 쇼군인 도쿠가와 쓰나요시의 시대는 **사치**로 기우는 시대였습니다. 게다가 **메이레키 대화재**가 발생해 에도 구제 등으로 막부의 출비가 늘어나 재정을 추스르는 것이 급선무였습니다. 쓰나요시의 뒤를 이어 등용된 유학자 아라이 하쿠세키는 쇼토쿠의 치라고 부르는 개혁을 추진해 막부의 경비를 절감하고자 했으나 역부족이었습니다.

 1716년에 도쿠가와 요시무네가 8대 쇼군에 취임하자 아라이 하쿠세키를 **파면**하고 **교호의 개혁**을 단행합니다. 요시무네는 고산케^{에도 시대의 도쿠가와 쇼군의 일족인 3대 집안}의 하나인 기이의 도쿠가와 집안 출신으로 쇼군이 되었습니다.

奉行に抜擢したことは有名です。

改革は多岐に渡り、法制面では幕府創設期の幕藩体制の基本に戻り、**質素倹約**を奨励する中で、支配体制の整備を行います。**目安箱**を設置して庶民の直訴を可能にし、その意見をもとに、江戸の小石川に養生所を設立したりしました。

また、新田開発に商人の参入を奨励し、斬新な通貨対策や米価対策をとりますが、大きな成果はあげられませんでした。

すでに、**参勤交代**や、江戸と領国との二重生活での経費の負担等で、大名の財政も逼迫していました。彼らの多くは藩の年貢収入等を取り扱う蔵元と呼ばれる商人から、年貢収入を担保に藩の運営資金を借り入れて財務を切り盛りしていました。武士は商人なしには施政を維持できなかったのです。吉宗は、商業活動を幕府が管理することによって、**貨幣経済**の弊害を糺(ただ)そうとしたのです。しかし、幕藩体制はすでに貨幣経済という船の上に乗っていたのでした。

そのことをよく知っていたのが、吉宗と共に江戸に移動した紀伊出身の旗本、田沼意次でしょう。彼は、印旛沼の**開墾**など、新田開発に熱心な一方、**株仲間**を奨励

小石川養生所
1722(享保7年)開設。無料で庶民の病気治療にあたった

그래서 이전으로부터의 굴레에서 자유로웠던 만큼 인재 등용에 적극적이었습니다. 지방 행정관이었던 오카 다다스케를 **에도 행정관**으로 발탁한 일은 유명합니다.

개혁은 여러 분야에 걸쳐 실시되었으며 법 제도 면에서는 막부 창설 시의 막번바쿠한 체제로 돌아가 **검소함과 절약**을 장려하는 가운데 지배 체제를 정비했습니다. **투서함**을 설치해 서민이 직소할 수 있게 하고 그 의견을 기초로 에도의 고이시카와에 요양소를 설립했습니다.

고이시카와 요양소
1722년(교호7년) 개설. 무료로 서민의 병을 치료했다

또한 새로운 경작지 개발에 상인의 참여를 장려하고 참신한 통화 대책과 쌀값 대책을 내놓았으나 큰 성과를 거두지는 못했습니다.

이미 **근무 교대**와 에도와 영지를 오가는 이중생활의 경비 부담 등으로 다이묘의 재정도 핍박받고 있었습니다. 다이묘의 대부분은 번의 **연공**매년 바치던 공물 수입 등을 담당하는, 구라모토장원라고 부르는 상인으로부터 이 수입을 담보로 번의 운영자금을 빌려 재정을 꾸려나가고 있었습니다. 무사는 상인 없이 시정을 유지할 수 없었던 것입니다. 요시무네는 상업 활동을 막부가 관리하도록 하여 화폐경제의 폐해를 밝히고자 했습니다. 그러나 막번 체제는 이미 **화폐경제**라는 배에 올라타고 있었습니다.

이를 잘 알고 있었던 이가 요시무네와 함께 에도로 건

し、銅や鉄などの製品について、特定の商人に**専売特許**を与え、これらの商人から冥加金(みょうがきん)を徴収する、現在でいう法人税を導入する他、様々な商業活動に対する新たな税金を企画します。また、長崎でのオランダとの貿易も拡大し、関税をコントロールしようとしました。

　田沼の政策は画期的でしたが、商人との**癒着**や**賄賂の横行**を非難されるようになります。同時に地方で飢饉が多発し、百姓一揆が各地で起きたことなどから、幕府内部の政治抗争に破れ、1786年に**失脚**します。

徳川幕府はどのようにして衰弱したのか？

　平安時代のことを思い出してみましょう。

　朝廷は、自らの築いた律令体制に執着します。しかし、実態は新興階級である武士の協力なしには政権を維持できません。世の中の変化による新たな力をいかに察知し、自らを変えて対応してゆくかは、為政者の大きな課題なのです。

　江戸時代は、武士が権力を握った時代です。しかし、戦国時代以降、各地で芽生えた商業活動は、日本が徳川幕府の元に平定されると一層活発になります。いかに藩が

너온 기이 출신의 하타모토^{하급 무사} 다누마 오키쓰구였습니다. 그는 인바누마^{현재의 치바에 있는 늪} **개간** 등 새로운 경작지 개발에 힘을 쏟는 한편, **가부나카마**^{동업조합}를 장려해 동과 철 제품에 대해서는 특정 상인에게 **전매특허**를 부여하고 이들에게 판매세를 징수하는, 이른바 현재의 법인세를 도입합니다. 그 밖에도 여러 상업 활동에 대해 새로운 세금을 기획합니다. 또한 나가사키에서 네덜란드와의 무역도 확대해 관세를 조정하려고 했습니다.

다누마의 정책은 획기적이었으나 상인과의 **유착**, **뇌물의 횡행**으로 비난을 받았습니다. 동시에 지방에서는 기근이 많이 발생하고 각지에서 일어난 백성 봉기로 인해 막부 내부의 정치 항쟁에 패배하고 1786년 **실각**합니다.

도쿠가와 막부는 어떻게 쇠퇴했는가?

헤이안 시대의 일을 떠올려봅시다.

조정은 스스로가 만든 율령 체제에 집착합니다. 그러나 실제로 신흥 계급인 무사의 협력 없이는 정권을 유지할 수 없습니다. 세상의 변화에 의한 새로운 힘을 얼마나 주의 깊게 관찰하고 자신을 변화시켜 대응해나가는가가 위정자의 커다란 과제입니다.

独立した行政や財政を行おうと、自らの年貢による収入を換金し、産物を流通させることが資金調達の上では欠かせません。幕府も同様で、税金を徴収し、財政を再建するには商人による経済活動が必要不可欠でした。非生産人口である武士は、すでに商業活動なしには、政権を維持できなかったのです。

その変化を知らずに、田沼意次の追放のあと、1787年に**老中首座**に就任して改革を行ったのが松平定信です。定信の政策は**寛政の改革**と呼ばれ、質素倹約を奨励し、農村での囲い米という飢饉に備えた米の備蓄の奨励など、一見理の通ったものでした。しかし一方で、**余剰作物**の栽培を禁止し、商人の農村進出を制限、株仲間を解散させ、**冥加金制度**を停止します。また、旗本などの財政難を救済するため、札差などからの借金を棒引きにする棄捐令を実行します。

こうした対策は、時代の流れに逆行し、逆に武士への商人からの援助を困難にし、武士階級の困窮を助長しました。これによって、改革は2年で挫折してしまいます。松平定信の時代は、11代将軍徳川家斉の時代です。家斉は松平定信失脚後、親政を実施し、将軍引退後も大御所として権勢をふるい、1841年まで幕政の実権を握りま

寛政の改革
1787年から始まる。倹約令、囲い米、商人の農村進出の禁止、株仲間の解散、冥加金制度の停止など、時代に逆行するもので、改革は2年で挫折した

棄捐令
寛政の改革の一環で発令された。1784年以前の借金は棒引きにし、それ以後のものは利子を下げるなどして武士の財政難を救済しようとした

에도 시대는 무사가 권력을 잡은 시대입니다. 그러나 전국 시대 이후 각지에서 싹튼 상업 활동은 일본이 도쿠가와 막부에 의해 평정되자 더욱 활발해졌습니다. 아무리 번이 독립된 행정과 재정을 펼친다고 해도 자신의 연공 수입을 환금하고 생산물을 유통시키는 일은 자금을 조달하는 데 없어서는 안 되었습니다. 막부도 마찬가지로 세금을 징수하고 재정을 재건하는 데 상인의 경제 활동이 필수 불가결했습니다. 비생산 인구인 무사는 이제 상업 활동 없이는 정권을 유지할 수 없게 되었습니다.

그러한 변화를 알아차리지 못한 채 다누마 오키쓰구를 추방하고 1787년에 **로쥬슈자**^{최고 집정관}에 취임해 개혁을 펼친 인물이 마쓰다이라 사다노부였습니다. 사다노부의 정책은 **간세이 개혁**이라고 해서 검소와 절약을 장려하고 농촌에서는 가코이고메라고 하는 기근에 대비한 쌀을 비축하도록 장려하는 등 일견 일리가 있어 보였습니다. 그러나 한편에서는 **잉여 작물** 재배를 금지하고 상인의 농촌 진출을 제한하며 가부나카마를 해산시키고 **판매세 제도**를 정지했습니다. 또한 하타모토의 재정난을 구제하기 위해 후다사시^{녹미에 관한 일체의 업무를 관장한 상인}로부터 빚을 탕감해주는 면제령을 실행합니다.

이런 대책은 시대의 흐름에 역행해 오히려 무사들이 상

간세이 개혁
1787년부터 시작된다. 검약령, 비축미(가코이고메), 상인의 농촌 진출 금지, 동업조합(가부나카마)의 해산, 판매세 제도의 정지 등 시대에 역행하는 내용으로 개혁은 2년 만에 좌절되었다

면제령
간세이 개혁의 일환으로 발령되었다. 1784년 이전의 빚은 말소시키고 그 이후의 빚은 이자를 낮추어 무사의 재정난을 구제하고자 했다

した。この親政の間、幕政は奢侈に流れ、財政はさらに逼迫します。臨時収入をもくろんだ貨幣価値の変更などで市場が混乱したこともありました。

これを立て直そうと、1841年に12代将軍徳川家慶が就任すると老中首座として改革に乗り出したのが水野忠邦でした。**天保の改革**です。

水野忠邦
(미즈노 다다쿠니)

この改革は、寛政の改革のコピーに近く、農村から出稼ぎを禁止し、株仲間を再び解散させます。また、**天領**の拡大をもくろみますが、これが諸侯や旗本の大反対にあいます。極端な風紀の粛正と質素倹約の強制は、江戸の活気に水を差し、この改革も2年で挫折します。

幕政は貨幣経済への根本的な対応なしに、そのまま幕末の混乱期にはいってゆくのです。

인들로부터 원조를 받기 곤란해지고 무가 계급의 곤궁을 조장했습니다. 그래서 개혁은 2년 만에 좌절되고 맙니다. 마쓰다이라 사다노부의 시대는 11대 쇼군 도쿠가와 이에나리의 시대입니다. 이에나리는 마쓰다이라 사다노부의 실각 후 친정을 실시해 쇼군 은퇴 후에도 실력자로 권세를 휘둘렀고 1841년까지 막부 정치의 실권을 장악했습니다. 이 친정 동안에 막부 정치는 사치 풍조에 젖어 재정은 더욱 핍박을 받습니다. 임시 수입을 꾀할 목적으로 화폐 가치의 변경을 주도했으나 시장을 혼란시키는 요인으로 작용했습니다.

이를 재정비하고자 1841년에 12대 쇼군 도쿠가와 이에요시가 취임하고 로쥬슈자로서 개혁에 착수한 이가 미즈노 다다쿠니였습니다. **덴포 개혁**입니다.

이 개혁은 간세이 개혁과 비슷하며 농촌을 떠나 돈벌이를 하는 것을 금지하고 가부나카마를 다시 해산시킵니다. 또한 **막부의 직할 영지**를 확대할 계획이었으나, 제후와 하타모토의 반대에 부딪쳤습니다. 극단적인 풍기 숙정과 강제적인 검소와 절약은 에도의 활기에 물을 끼얹어, 이 개혁도 2년 만에 좌절됩니다.

막부는 화폐경제에 대한 근본적인 대응 없이 그대로 막부 말기의 혼란기로 접어듭니다.

16 黒船来航と安政の大獄

黒船来航前後の日本は?

　幕藩体制の経済矛盾は全国の藩におよび、中には**破産寸前**の藩もでてきます。薩摩藩も例外ではありませんでした。しかし薩摩藩は家老であった調所広郷の指導によって、**傘下**の琉球との貿易を促進します。砂糖の専売制を手がけ、長崎を通して西洋の技術を導入しながら産業を育成して、財政再建に成功します。このように藩政改革に成功した藩もいくつかありました。長州もその一つで、これらの藩が幕末の混乱期を牽引してゆくことになります。

　調所広郷の政策を支持し、積極的に藩政改革に取り組んだのが藩主の島津斉彬でした。斉彬は日本本土の最南

서양 함선의 내항과
안세이의 대옥

서양 함선이 내항할 무렵의 일본은 어떠했는가?

막번 체제^{막부와 번이라고 부르는 여러 영지로 나누어 지배하는 체제}의 경제적 모순은 전국적으로 퍼져나갔고 그중에는 **파산 직전**에 몰린 번^{전 영토의 4분의 1은 도쿠가와가 지배하는 번이고 나머지 4분의 3은 서로 다른 295개 번으로 나뉘어 있었음}도 생겨났습니다. 사쓰마 번도 예외는 아니었습니다. 그러나 사쓰마 번은 가로^{무가의 가신 중 최고의 지위}였던 즈쇼 히로사토의 지휘 아래 **산하**에 속해 있던 류큐^{현재의 오키나와}와의 무역을 촉진합니다. 설탕의 전매제를 직접 경영하고 나가사키를 통해 서양의 기술을 도입하는 등 산업을 육성하고 재정을 재건하는 데 성공합니다. 이처럼 번정 개혁에 성공한 번도 몇몇 있었습니다. 조슈 번도 그중 하나이며 이들 번이 막부 말기의 혼란기를

端にある鹿児島という戦略的な位置からも、国防、特に海防に熱心で、元々外様大名であった斉彬ですが、こうした実績の中で、次第に幕府の中でも発言力を増してゆきます。

　幕府内部では、天保の改革が失敗し、水野忠邦に代わって阿部正弘が老中首座となり、国際情勢の分析から、島津斉彬などと海防対策に取り組みます。

　一方、当時西海岸まで国土を伸長したアメリカ合衆国は、太平洋への進出に熱心でした。背景には太平洋での捕鯨漁によって**クジラの脂**から製造される蝋燭の需要が高まっていたことや、中国との交易の促進のために、安全な港を求めていたことなどがあげられます。彼らは日本に開国を求めようとします。

　東インド艦隊の司令官であったペリーが、4隻の軍艦を率いて日本に向かっているという情報は、幕府も得ていましたが、実際に1853年に浦賀に軍艦が現れたとき、その軍事力とペリーの**強硬な姿勢**に幕府は圧倒されてしまいます。

　ペリーは、アメリカ合衆国の大統領、フィルモアの国書をもって開国を日本に求め、武力を背景に交渉します。ロシアの日本への接近に対抗するため、1854年に再

견인해가게 됩니다.

즈쇼 히로사토의 정책을 지지하며 적극적으로 번정 개혁에 몰두한 이가 번주인 시마즈 나리아키라였습니다. 나리아키라는 일본 본토의 최남단에 있는 가고시마라는 전략적인 위치를 이용해 국방, 특히 해상 방위에 힘썼습니다. 원래 도자마다이묘^{도쿠가와 집안과의 관계에 따라 세 종류(도자마, 신반, 후다이)로 나뉜 다이묘 중 하나}였던 시마즈 가문은 이런 실적이 쌓이면서 점차 막부 내부에서도 발언력을 더해갔습니다.

막부 내부에서는 덴포 개혁이 실패하고 미즈노 다다쿠니를 대신해 아베 마사히로가 로쥬슈자가 되었고 국제 정세를 염려해 시마즈 나리아키라도 해상 방위 대책에 힘을 기울입니다.

한편 당시 서해안까지 국토를 확장한 미합중국은 태평양으로 진출하는 데 열을 올렸습니다. 그 배경에는 태평양에서 잡은 **고래의 기름**으로 만든 양초의 수요가 높아진 점, 중국과의 교역 촉진을 위해 안전한 항구를 찾고 있었던 점을 들 수 있습니다. 미합중국은 일본에 개국을 요구합니다.

동인도 함대의 사령관이었던 페리가 네 척의 군함을 이끌고 일본으로 향하고 있다는 정보는 막부도 알고 있었지만 실제로 1853년 우라가에 군함이 나타났을 때 그 군사력

日米和親条約は、横浜近辺に応接所を設置したことから、神奈川条約とも呼ばれる

度7隻の軍艦をもって来日したとき、日本はそれに屈し、**日米和親条約**を締結したのです。これによって、200年に亘った鎖国は終わりを告げます。

幕府の問題は、アメリカのみならず、世界戦略の中でアジアを**植民地化**し、商業活動を拡大するイギリスやフランス、そして北方から南下をもくろむロシアも日本に開国を要求し、通商を求めていたことです。

幕府が恐れていた通り、鎖国政策の放棄は、国内に大きな衝撃を与え、幕府の中枢でも開国と、外国を打ち払う**攘夷**（じょうい）との議論が沸騰し、それに将軍の後継者をめぐる紛争が加わり、政局が混乱します。幕末の動乱は、たった4隻の軍艦が日本にやってきたことから始まるのです。

尊王攘夷と安政の大獄とは？

外国の脅威をじかに感じた日本の世論は沸騰し、外国から日本を守るために強行姿勢を貫くように幕府に期待します。

しかし、幕府は欧米列強との軍事力や技術の差をよく分かっており、厳しい世論をかわしながら、各国と通商

과 페리의 **강경한 자세**에 막부는 압도되고 말았습니다.

페리는 미합중국 대통령인 필모어의 국서를 앞세워 일본에 개국을 요구하며 무력을 배경으로 교섭을 시도합니다. 일본에 접근하는 러시아에 대항하기 위해 1854년에 다시 일곱 척의 군함을 이끌고 일본에 내항했고 일본은 이에 굴복해 **미일화친조약**을 체결했습니다. 이에 따라 200년에 이르는 쇄국은 종말을 고했습니다.

미일화친조약은 요코하마(가나가와 현) 부근에 응접소를 설치한 데서 가나가와 조약이라고도 한다

막부의 문제는 미국뿐 아니라 세계 전략의 가운데 아시아를 **식민지화**하고 상업 활동을 확대하는 영국과 프랑스, 그리고 북방에서 남하를 꾀하는 러시아도 일본에 개국을 요구하고 통상을 강요한 일입니다.

막부가 우려하던 대로 쇄국 정책의 포기는 국내에 큰 충격을 주었고, 막부의 중추에서도 개국과 외국을 격퇴하는 **양이**에 대한 논의가 격렬해진 데다 쇼군의 후계자를 둘러싼 분규가 더해져 정국은 혼란에 빠졌습니다. 막부의 동란은 고작 네 척의 군함이 일본을 찾아온 데서 시작되었습니다.

존왕양이와 안세이의 대옥이란?

외국의 위협을 직접적으로 느낀 일본의 여론은 들끓었고 외국으로부터 일본을 지키기 위해 강경한 자세로 관철

그때 일본이 만들어졌다

条約を締結します。まず1858年にアメリカと**日米修好通商条約**を締結し、神奈川、長崎、新潟、そして兵庫の開港とそこでの外国人の居留を許可します。この条約は関税を自主的にかける権利や外国人への**裁判権**を**領事**に与えるという不平等なもので、幕府は同様の条約をオランダ、イギリス、ロシア、フランスとも締結します。アメリカは伊豆の下田に**領事館**を設け、タウンゼント・ハリスが初代領事として着任します。

これに対し、水戸藩主徳川斉昭は、幕府に厳しく抗議します。海外との条約を、朝廷を無視して締結したことは、日本本来の君主である天皇を**ないがしろにした**ことになり、何よりも欧米に屈服した幕府の姿勢を彼は弾劾します。

当時、薩摩や土佐、越前[現福井]などの雄藩が幕政への

水戸藩
国学が盛んで、尊皇思想を信奉する者がたくさんいた。国が団結して西欧の圧力を排除すべきという水戸の考え方が、当時、全国に波及する。この考え方を「攘夷」といい、尊皇思想と結びつき、尊王攘夷運動へとつながる

タウンゼント・ハリス(타운센드 해리스)

徳川慶喜(도쿠가와 요시노부)

할 것을 막부에 기대합니다.

그러나 막부는 서구 열강의 군사력과 기술의 정도를 잘 알고 있었고, 세찬 여론을 피해 각국과 통상조약을 체결합니다. 우선 1858년에 미국과 **미일수호통상조약**을 체결하고 가나가와, 나가사키, 니가타, 효고를 개항해 이 지역의 외국인 거류를 허가합니다. 이 조약은 관세를 자주적으로 매기는 권리와 외국인에 대한 **재판권**을 **영사**에게 부여한다는 불평등한 내용으로 이루어져 있으며, 막부는 같은 내용의 조약을 네덜란드, 영국, 러시아, 프랑스와도 체결합니다. 미국은 이즈의 시모다에 **영사관**을 설치하고 타운센드 해리스가 초대 영사로 부임합니다.

이에 대해 미토 번의 번주인 도쿠가와 나리아키는 막부에 엄중히 항의합니다. 조정을 무시하고 해외와의 조약을 체결한 것은 일본 본래의 군주인 천황을 **홀대**한 것이며 무엇보다도 서구에 굴복한 자세라고 막부를 탄핵합니다.

당시 사쓰마와 도사현재의 고치 현, 에치젠[현재의 후쿠이 현] 등의 세력 있는 번이 막부 정치에 대한 **발언권이 강해져** 차기 쇼군에 자신의 아들인 도쿠가와 요시노부를 추천한 도쿠가와 나리아키의 움직임에 호응합니다. 그러나 원래 막부의 실권을 장악하고 있던 **후다이다이묘**도쿠가와 집안과의 관계에 따라 세 종류(도자마, 신반, 후다이)로 나뉜 다이묘 중 하나는 그것에 반

미토 번
국학이 성해 존왕사상을 신봉하는 자가 많았다. 국가가 단결해 서구의 압력을 배제해야 한다는 미토의 사고방식이 당시 전국으로 파급되었다. 이를 '양이'라 하고, 존왕사상과 결합해 존왕양이운동으로 이어진다

発言権を強めており、次期将軍に自らの子供である徳川慶喜を推薦する徳川斉昭の動きと呼応します。しかし、元々幕府の実権を握っていた**譜代大名**はそれに反対し、雄藩との確執が深まります。この政治的対立と、尊王攘夷運動の加熱に幕府は揺れたのです。

幕府は国政の緊急時には、老中の上に**大老**をおきます。こうした政治的な混乱の中で、病弱であった将軍徳川家定が他界し、新将軍に譜代大名の推す徳川家茂が就任すると、彦根藩主であった井伊直弼が大老となり、政務をみるようになります。

井伊直弼は、幕府の外交方針を貫くために、徳川斉昭や徳川慶喜を謹慎させ、尊王攘夷の活動家を逮捕、**弾圧**します。この弾圧を安政の大獄と呼びます。

しかし、井伊直弼は水戸藩をはじめとする尊王攘夷派の恨みを買い、1860年の冬に江戸城**桜田門**にて暗殺されてしまいます。犯人は、水戸藩から犯行のために脱藩した浪士たちでした。この事件を**桜田門外の変**と呼び、これによって幕府はますます困難な舵取りを強いられるようになるのです。

대해 힘센 번과의 불화가 깊어집니다. 이 정치적 대립과 존왕양이운동의 가열에 막부는 흔들렸던 것입니다.

막부는 국정이 긴급할 때는 로쥬쇼군 직속으로 정무를 총괄한 직책 중에서 **다이로**최고 행정관를 두었습니다. 이런 정치적 혼란 중에 병약한 쇼군인 도쿠가와 이에사다가 타계하고 새로운 쇼군에 후다이다이묘가 추대한 도쿠가와 이에모치가 취임하자 히코네 번현재의 시가 현의 영주였던 이이 나오스케가 다이로가 되어 정무를 보게 됩니다.

이이 나오스케는 막부의 외교 방침을 관철하기 위해 도쿠가와 나리아키와 도쿠가와 요시노부를 근신에 처하고 존왕양이의 활동가들을 체포하고 **탄압**합니다. 이 탄압을 안세이의 대옥이라고 부릅니다.

그러나 이이 나오스케는 미토 번을 비롯한 존왕양이파의 원한을 사서 1890년 겨울에 에도 성의 **사쿠라다몬**에서 암살되고 맙니다. 범인은 범행을 위해 미토 번을 떠난 낭인 무사들이었습니다. 이 사건을 **사쿠라다몬 밖의 변**이라고 부르며, 이에 의해 막부는 점점 힘겨운 지도자 역할을 강요당하게 됩니다.

17 徳川幕府の終焉

倒幕への流れ

　幕府が尊王攘夷に消極的であることを知ると、多くの人が失望します。

　幕府は、14代将軍徳川家茂がまだ若年なため、薩摩、越前などの雄藩が将軍の代わりに朝廷と幕府との**宥和**をすすめ、共同して幕府への批判をかわし難局を打開しようと画策します。これを**公武合体**と呼び、その象徴として当時の孝明天皇の妹である和宮と徳川家茂の婚礼が1861年に行われました。

　島津斉彬の死後しばらくして若年であった藩主に代わって政務をみた島津久光は、公武合体をさらに盤石にするために**勅使**と共に江戸に向かい、幕政の改革を進め

도쿠가와 막부의 종언

막부가 무너지기까지의 흐름

막부가 존왕양이에 소극적인 것을 알자 많은 사람이 실망합니다.

막부는 14대 쇼군 도쿠가와 이에모치가 아직 어리므로 사쓰마, 에치젠 등의 강력한 번이 쇼군을 대신해 조정과 막부의 **유화**를 추진해 공동으로 막부에 대한 비판을 딴 데로 돌려 난국을 타개하고자 계책을 세웁니다. 이를 **공무합체**라고 부르며, 이 상징으로 당시 고메이 천황의 여동생이었던 가즈노미야와 도쿠가와 이에모치의 혼례가 1861년에 거행되었습니다.

시마즈 나리아키라의 사후 한동안 나이 어린 영주를 대신해 정무를 본 시마즈 히사미쓰는 공무합체를 한층 더

ます。この結果、尊王攘夷派が活動する京都に、会津藩主松平容保が**京都守護職**として赴任します。

一方、長州では、安政の大獄で処刑された尊王攘夷の思想家、吉田松陰の**門下生**が藩の政治に大きな影響を与えていました。彼らは全国の尊王攘夷の活動家と連絡をとり、京都では宮廷の中にも彼らの動きと同調する公家が増えてゆきます。桂小五郎[後に木戸孝允と名乗ります]を中心とした長州の志士は、攘夷に対して**優柔不断**な対応をする幕府を見限って、朝廷のもとに新しい政府を樹立しようと**目論み**ます。

桂小五郎
(가쓰라 고고로)

この動きに、会津が自らの**義勇軍**であった新撰組を使い、長州の活動家を粛正します。そして、それに抗議した長州藩を薩摩藩と共同して京都御所の前で撃破したのです。この戦いを**蛤御門の変**といいます。1864年の夏のことでした。

蛤御門の変は、禁門の変、元治の変とも呼ばれる

幕府は**長州征伐**を決め、軍を長州との国境に進め、長州藩を屈服させます。同じ年、独自に攘夷運動を進めていた長州は、下関の近くを航行する外国の艦船に砲撃を加えていました。イギリス、アメリカ、オランダ、フランスの連合艦隊がその報復に長州を攻撃、彼らの進んだ軍事力の前に下関が占領されます。

공고히 하기 위해 **칙사**와 함께 에도로 가서 막부 정치의 개혁을 추진합니다. 이 결과 존왕양이파가 활동한 교토 지역에 아이즈 번의 영주인 마쓰다이라 가타모리가 **교토의 슈고**로 부임합니다.

한편 조슈 번에서는 안세이의 대옥으로 처형된 존왕양이 사상가 요시다 쇼인의 **문하생**들이 번의 정치에 큰 영향을 끼치고 있었습니다. 그들은 전국의 존왕양이 활동가들과 연락을 취해 교토에서는 궁정 안에서도 그들의 움직임에 동조하는 궁정 귀족이 늘어났습니다. 가쓰라 고고로[후에 기도 다카요시로 개명함]를 중심으로 조슈의 지사는 양이에 대해 **우유부단**하게 대응하는 막부를 체념하고 조정하에 새로운 정부를 수립하고자 **계획**합니다.

이러한 움직임에 아이즈 번이 자신들의 **의용군**이었던 신센구미로 조슈의 활동가를 숙정합니다. 그리고 그것에 항의한 조슈 번을 사쓰마 번과 공동으로 교토고쇼^{천황의 거처} 앞에서 격파했습니다. 이 전투를 **하마구리고몬의 변**이라고 합니다. 1864년 여름의 일이었습니다.

막부는 **조슈를 정벌**하기로 결정하고 군대를 조슈 국경으로 진격시켜 조슈 번을 굴복시킵니다. 같은 해 독자적으로 양이운동을 벌이던 조슈는 시모노세키 근처를 항해하는 외국 함선에 포격을 가했습니다. 영국, 미국, 네덜란

하마구리고몬의 변
은 긴몬의 변, 겐지의 변이라고도 한다

> 欧米列強は薩長の2藩の実力と将来性を知り、とくにイギリスはこの2つの藩に接近することになる

一方、薩摩は薩摩で、大名である島津久光の行列を遮ったとして、イギリス人の商人が神奈川県の生麦で殺害される事件が起こり、その報復でイギリス艦隊が1863年の夏に鹿児島を砲撃する**薩英戦争**が起こっています。

この2つの事件で、両藩は無謀な攘夷が不可能であり、いかに西欧諸国の軍事力が卓越しているか、身をもって実感することになります。

薩摩と長州という仇敵が、その後連携したとき、幕府はついに瓦解するのです。

大政奉還へのみちのり

幕藩体制下では、藩に属する者にとっては自らの藩が国そのものでした。従って、諸外国の脅威を感じ、尊王攘夷を唱えても、多くの人は日本という国家意識を持っているわけではありません。薩摩は薩摩のために、長州は長州の利益を考え、その延長に幕府が、さらにその上に天皇が君臨していたのです。

幕府による長州征伐と**下関戦争**で、長州は壊滅的な打撃を受けますが、間もなく桂小五郎や高杉晋作に率いられる**倒幕派**が、藩での実権を回復します。彼らは下級武

드, 프랑스 연합함대가 그에 대한 보복으로 조슈를 공격했고 그들의 앞선 군사력 앞에 시모노세키가 점령됩니다.

한편 사쓰마에서는 사쓰마대로 다이묘인 시마즈 히사미쓰의 행렬을 가로막은 영국인 상인이 가나가와 현의 나마무기에서 살해되는 사건이 일어나 그 보복으로 영국 함대가 1863년 여름에 가고시마를 포격하는 **사쓰에이 전쟁**이 일어났습니다.

이 두 사건으로 양쪽 번은 무모한 양이가 불가능하고, 서구 제국의 군사력이 얼마나 탁월한지 몸소 실감하게 되었습니다.

사쓰마와 조슈라는 원수지간이 그 후 제휴하자 막부는 마침내 와해됩니다.

구미 열강은 사쓰마와 조슈 두 번의 실력과 장래성을 알고, 특히 영국은 이 양쪽 번에 접근하게 된다

대정봉환으로의 노정

막번 체제하에서 번에 소속된 자들에게는 번이 국가나 마찬가지였습니다. 그러므로 외국에 위협을 느끼고 존왕양이를 주창한다 해도 많은 사람들에게 일본이라고 하는 국가 의식이 있는 것은 아니었습니다. 사쓰마는 사쓰마를 위해, 조슈는 조슈의 이익을 고려했으며, 그 연장선에서 막부, 그리고 더 나아가 천황이 군림하는 것이었습니다.

高杉晋作　　　　西郷隆盛　　　　坂本龍馬
(다카스키 신사쿠)　(사이고 다카모리)　(사카모토 료마)

士の出身でした。幕末には、身分の低い武士が頭角を現し、藩の命運を左右する現象があちこちで起こります。こうした人材登用に成功した代表的な藩が、長州であり薩摩だったのです。

　当時、幕府は将軍の後見役として、御三家である水戸出身の徳川慶喜が京都に駐在していました。慶喜は薩摩の島津久光が、幕政に介入することを嫌い、朝廷からの攘夷の要求ものらりくらりとかわしながら幕政を運営します。

　薩摩には、西郷隆盛、大久保利通など、下級武士から抜擢された人材が活躍しています。島津久光と幕府との確執の中、西郷隆盛と長州の桂小五郎が1886年3月に京都で密談し、両藩が和解し、同盟が成立します。このお膳立てをした人物が、土佐の下級武士で、薩摩に保護され

막부에 의한 조슈 정벌과 **시모노세키 전쟁**으로 조슈는 괴멸적인 타격을 받았지만 얼마 가지 않아 가쓰라 고고로와 다카스키 신사쿠가 이끄는 **막부 타도파**가 번에서의 실권을 회복합니다. 그들은 하타모토 출신이었습니다. 막부 말에는 신분이 낮은 무사가 두각을 나타내 번의 운명을 좌우하는 현상이 여기저기서 일어납니다. 이런 인재 등용에 성공한 대표적인 번이 조슈와 사쓰마였던 것입니다.

당시 막부에서는 쇼군의 후견 역으로 고산케인 미토 출신의 도쿠가와 요시노부가 교토에 머무르고 있었습니다. 요시노부는 사쓰마의 시마즈 히사미쓰가 막부 정치에 개입하는 것을 싫어했고 조정으로부터의 양이 요구도 적당히 피하며 막부 정치를 운영합니다.

사쓰마에서는 사이고 다카모리, 오쿠보 도시미치 등 하급 무사에서 발탁된 인재가 활약합니다. 시마즈 히사미쓰와 막부의 갈등 속에 사이고 다카모리와 조슈의 가쓰라 고고로가 1886년 3월 교토에서 밀담을 나누고 양쪽 번이 화해해 동맹이 성립됩니다. 이 준비를 한 인물이 도사의 하급 무사로 사쓰마가 보호하고 있던 사카모토 료마입니다. 그는 막부 말의 영웅으로 가장 인기 있는 인물 중 한 사람입니다.

조슈의 불온한 움직임에 애가 탄 막부는 1866년 여름

ていた坂本龍馬です。彼は幕末の英雄として、最も人気のある人物の一人です。

　長州の不穏な動きに業を煮やした幕府は、1866年の夏に再び長州に向けて兵を進めます。**第二次長州征伐**です。しかし、長州と密約のある薩摩は参戦せず、藩の財政が逼迫し、困窮する農民による百姓一揆が頻発するなか、協力する藩にも**厭戦気分**が蔓延します。結局、幕府軍は急速に近代化した長州藩を打ち破れず、将軍徳川家茂が死去したことを理由に兵を引きます。将軍職は、徳川慶喜が継ぎますが、幕府が1つの藩を打ち破れなかったことは、致命的でした。

　徳川慶喜は幕府の権威の再興を考えますが、薩摩などの雄藩と対立し、最終的に徳川家だけでの政権維持をあきらめ、雄藩と朝廷を交えた連合政権を模索します。1867年11月に朝廷に行政統治の権限を返上するという**大政奉還**を行い、それが朝廷に認められます。

　これで264年に亘って日本をおさめてきた徳川幕府は滅亡したのでした。

에 다시 조슈를 향해 병력을 보냅니다. **제2차 조슈 정벌**입니다. 그러나 조슈와 밀약을 맺은 사쓰마는 참전하지 않았고, 번들의 재정이 핍박해 곤궁한 농민에 의한 백성 반란이 빈번히 일어나는 가운데 조슈 정벌에 협력하는 번들에도 **염전**^{전쟁을 꺼림} **기류**가 만연합니다. 결국 막부군은 급속히 근대화한 조슈 번을 타도하지 못하고 쇼군 도쿠가와 이에모치가 서거한 것을 이유로 병사를 거둡니다. 쇼군직은 도쿠가와 요시노부가 계승하지만 막부가 일개 번을 격퇴하지 못한 것은 치명적이었습니다.

도쿠가와 요시노부는 막부의 권위를 재차 부흥하려고 했지만 사쓰마 등의 강력한 번과 대립하게 되자 최종적으로 도쿠가와 가문으로 국한시킨 정권 유지를 포기하고 강력한 번과 조정을 합류시킨 연합 정권을 모색합니다. 1867년 11월에 조정에 행정 통치의 권한을 반려하는 **대정봉환**을 실시해 그것이 조정에 받아들여집니다.

이로써 264년에 걸쳐 일본을 다스려온 도쿠가와 막부는 멸망하게 되었습니다.

ターニングポイント 18 明治維新

明治維新とは？

　徳川慶喜は、幕府の権限を朝廷に**返上する**ことで、逆に朝廷を戸惑わせ、自らの主導権を回復しようと考えたようでした。

　しかし、薩摩と長州は、**公家**の岩倉具視などと組んで、**王政復古の大号令**を行い、徳川慶喜に官職を辞して幕府の領地を天皇に返上するよう迫ります。徳川慶喜は京都を離れ大阪城に逃れますが、ついに彼の配下と薩摩、長州の連合軍が1868年1月に京都の南で衝突します。**鳥羽伏見の戦い**です。この戦いに敗れた徳川慶喜は、**朝敵**の汚名を着せられたまま、江戸に逃げ帰り、**謹慎**します。

岩倉具視
(이와쿠라 도모미)

메이지 유신

메이지 유신이란?

도쿠가와 요시노부는 막부의 권한을 조정에 **반려해** 역으로 조정을 당혹스럽게 함으로써 자신의 주도권을 회복하고자 한 것 같습니다.

그러나 사쓰마와 조슈는 **궁정 귀족**인 이와쿠라 도모미 등과 합심해 **왕정복고의 대호령**을 실시하며 도쿠가와 요시노부에게 관직을 사임하고 막부의 영지를 천황에게 반려할 것을 촉구합니다. 도쿠가와 요시노부는 교토를 떠나 오사카 성으로 피했지만 마침내 그의 군사와 사쓰마·조슈의 연합군이 1868년 1월에 교토의 남쪽에서 충돌합니다. **도바·후시미 전투**입니다. 이 전투에서 패한 도쿠가와 요시노부는 **역적**의 오명을 쓴 채 에도로 쫓겨가 **근신**

勝海舟(가쓰 가이슈)

薩摩と長州は、西郷隆盛を**総大将**として、江戸を攻撃しようとしますが、小旗本から幕府に抜擢され、開明的な発想で幕府の海軍を創設した勝海舟の説得にあい、攻撃を中止し、江戸城を**無血開城**します。

当時、欧米列強はアジアをどんどん植民地化していました。徳川側にはフランスが、薩摩長州側にはフランスのライバルであるイギリスが援助を行っていました。こうした中で、日本が徳川派と朝廷派に割れて戦えば、欧米諸国に日本を植民地化する絶好の機会を与えてしまうと勝海舟は考えたのです。

そして何よりも、西郷隆盛と勝海舟との交渉で、京都に朝廷があるとはいえ、実質上の日本の行政上の首都であった100万都市江戸が、戦火を被らずにすんだのです。

しかし、それからおおよそ1年間、徳川幕府と結びつきの深かった会津藩を中心とした東北地方で戦いが続き、会津が降伏したあとは、北海道の函館に旧幕府軍が立てこもり抵抗しました。これら一連の戦争を、中国式の**年号**に基づいて、戊辰戦争と呼んでいます。日本が明治天皇を長とする新政府に統一されたのは、函館の旧幕府軍が壊滅した1869年5月のことでした。

徳川幕府が滅び、1868年に日本が近代国家として正式

합니다.

사쓰마와 조슈는 사이고 다카모리를 **총대장**으로 삼아 에도를 공격하려고 하지만, 일개 하타모토에서 막부에 발탁되어 개화적인 발상으로 막부의 해군을 창설한 가쓰 가이슈의 설득에 의해 공격을 중지하고 **유혈 사태 없이 에도 성의 문을 엽니다**.

당시 서구 열강은 아시아를 잇달아 식민지화하고 있었습니다. 도쿠가와 측에는 프랑스가, 사쓰마·조슈 측에는 프랑스의 라이벌인 영국이 원조하고 있었습니다. 이런 와중에 일본이 도쿠가와 파와 조정파로 나뉘어 싸운다면 여러 구미 제국이 일본을 식민지화할 수 있는 절호의 기회를 제공하는 것이라고 가쓰 가이슈는 생각했습니다.

그리고 무엇보다도 사이고 다카모리와 가쓰 가이슈의 교섭으로 조정은 교토에 있었지만 사실상 일본 행정 수도였던 100만 도시 에도가 전화를 모면할 수 있었습니다.

그러나 그로부터 약 1년간, 도쿠가와 막부와 유대가 깊었던 아이즈 번을 중심으로 도호쿠 지방에서 전쟁이 계속되어 아이즈가 항복한 뒤에 홋카이도의 하코다테에서 구(舊)막부 군사들이 점거해 계속 저항했습니다. 이런 일련의 전쟁을 중국식의 **연호**를 따서 보신 전쟁이라고 부릅니다. 일본이 메이지 천황을 우두머리로 한 신정부로 통일

木戸孝允
(기도 다카요시)

五箇条の御誓文
明治元年3月14日(1868年4月6日)に明治天皇が公卿や諸侯などに示した明治政府の基本方針

に生まれ変わったことを**明治維新**と呼びます。薩摩と長州とを調停し密約を結ばせた坂本龍馬は、その1年前に暗殺されましたが、彼の案をもとに、木戸孝允がまとめた「**五箇条の御誓文**」が明治維新に際して発表されます。そこには、鎖国や攘夷を廃して、国民が一丸となって世界から知識をもとめ、国の経済を再興する木戸孝允こという施政方針が明記されています。

天領と藩に分割されていた日本が、その**封建的な政治体制**を捨て、**国民国家**として生まれ変わったのでした。

明治維新の歴史的意義とは？

明治維新は、1192年以来続いてきた武家政権に終止符を打った画期的な政治改革です。しかも、欧米の**絶対君主制**から**市民革命**を経て**立憲君主制**、あるいは**民主主義の政体**へと移行してきた歴史と比べるとき、江戸時代から明治時代への変化は、ある面ではユニークです。

欧米の絶対君主制の場合、王の権利が強く、貴族は自らの所領と富を持ってはいるものの、国の統治という意味ではあくまでも国王が主権者でした。そして国王のもとに全国を統治する官僚と**常備軍**が整備されていたので

된 것은 하코다테의 구막부군이 궤멸된 1869년 5월이었습니다.

도쿠가와 막부가 멸망하고 1868년에 일본이 근대국가로서 정식으로 재탄생한 것을 **메이지 유신**이라고 부릅니다. 사쓰마와 조슈를 조정해 밀약을 맺게 한 사카모토 료마는 1년 전에 암살되었지만 그의 안을 기초로 기도 다카요시가 정리한 '**5개조의 서약문**'이 메이지 유신에 즈음해 발표됩니다. 그 문서에는 쇄국과 양이를 폐하고 국민이 하나가 되어 세계로부터 지식을 구하고 국가의 경제를 재건한다는 시정 방침이 명기되어 있습니다.

이로써 천황의 소유지와 번으로 분할되었던 일본이 **봉건적 정치제도**를 버리고 **국민 국가**로 새로 태어났습니다.

5개조의 서약문
메이지 원년 3월 14일 (1868년 4월 6일)에 메이지 천황이 고관 귀족과 제후들에게 제시한 메이지 정부의 기본 방침

메이지 유신의 역사적 의의는?

메이지 유신은 1192년 이래 계속되어온 무가 정권에 종지부를 찍은 획기적인 정치 개혁입니다. 더욱이 **절대군주제**에서 **시민혁명**을 거쳐 **입헌군주제** 또는 **민주주의 정치체제**로 이행된 구미의 역사와 비교할 때 에도 시대에서 메이지 시대로의 변화는 어떤 면에서는 특이합니다.

구미의 절대군주제의 경우는 왕의 권리가 강하고 귀족

す。市民革命の後も国王の位置づけは変化しても、制度としての官僚と常備軍は継承され、新たな政権はそのインフラをそのまま使用できました。

日本の場合、江戸時代は、征夷大将軍と藩主との連携で国が統治されました。藩主は自らの領地への行政、立法、司法の全ての権利を有し、幕府はそうした藩主を管理統率する役割を担っていました。幕府の権力は絶対で、国家としては将軍が最高権力者でした。しかし、国家の構造はあくまでも地方領主の主権を尊重する**封建制度**に依っていたのです。

江戸時代、貨幣経済の全国規模での浸透によって、それが幕政や藩政の維持にも影響し、幕府も藩も、この新たな社会的変化に対応しようと必死でした。商人からの冥加金、農村の開発など、幕府も藩も何度も改革を行います。

しかし、全人口の7%を占める武士はあくまでも官僚的、軍事的存在で、非生産者でした。しかも武士は納税者ではありません。

近代国家の建設には、この支配層のリストラが必要不可欠です。西欧の絶対君主制度と封建制度の折衷案のような武家政権が鎌倉に始まり、江戸時代に完成したわけで

은 자신의 부를 소유했지만, 국가 통치라는 의미에서는 어디까지나 국왕이 주권자였습니다. 그리고 국왕 아래 전국을 통치하는 관료와 **상비군**이 정비되어 있었습니다. 시민혁명 후에도 국왕의 지위는 달라졌지만 제도적으로 관료와 상비군은 계승되었으며 새로운 정권은 그 체제를 그대로 사용했습니다.

일본의 경우 에도 시대에는 세이이타이쇼군과 번주가 제휴해 국가를 통치했습니다. 번주는 자신의 영지에 대해 행정·입법·사법의 모든 권리가 있고 막부는 그러한 번주를 관리 통솔하는 역할을 담당했습니다. 막부의 권력은 절대적이고, 쇼군이 국가의 최고 권력자였습니다. 그러나 국가의 구조는 어디까지나 지방 번주의 주권을 존중하는 **봉건제도**에 의거한 것입니다.

에도 시대에 화폐경제의 전국적인 침투가 막부 정치와 번정 유지에 영향을 미쳤고 막부도 번도 이 새로운 사회적 변화에 대응하고자 필사적이었습니다. 상인에게 부과하던 판매세, 농촌의 개발 등 막부도 번도 몇 차례나 개혁을 실시합니다.

그러나 전 인구의 7%를 차지하는 무사는 어디까지나 관료적·군사적 존재였고 비생산자였습니다. 더욱이 무사는 납세자가 아니었습니다.

すが、明治維新は、その制度そのものを破壊しなければならないという使命を負った点で、西欧での市民革命以上の課題を背負うことになります。

근대국가의 건설에는 이 지배층의 개조가 필수 불가결이었습니다. 서구의 절대군주제와 봉건제도의 절충안인 무가 정권이 가마쿠라에서 시작되어 에도 시대에 완성되었지만 메이지 유신은 그 제도 자체를 완전히 파괴해야 한다는 사명을 짊어졌다는 점에서 서구의 시민혁명 이상의 과제를 떠안게 됩니다.

西南戦争と明治憲法

西南戦争までの状況は？

1871年に、明治政府は岩倉具視、木戸孝允、大久保利通などを西欧列強に派遣し、新政府としての外交デビューをしました。一行の主な目的は、江戸時代に諸外国と締結された**不平等条約を改正**してもらうことでした。江戸時代に結ばれた通商条約には、日本に**関税自主権**がなく、相手国に**治外法権**がみとめられたものだったのです。

しかし、欧米を訪問した一行は、条約改正交渉は受け付けてもらえず、欧米の圧倒的な経済力と軍事力を目の当たりにして、国内の改革と国力増強がいかに急務かを思い知らされて帰国します。

세이난 전쟁과 메이지 헌법

세이난 전쟁에 이르기까지의 상황은?

1871년에 메이지 정부는 이와쿠라 도모미, 기도 다카요시, 오쿠보 도시미치 등을 서구 열강으로 파견해 신정부로서는 외교 무대에 처음 등장했습니다. 일행의 주된 목적은 에도 시대에 여러 국가와 체결한 **불평등조약을 개정**하는 것이었습니다. 에도 시대에 체결된 통상조약에서는 일본 측 **관세자주권**이 없고 상대국의 **치외법권**을 인정하고 있었습니다.

그리하여 구미 지역을 방문한 일행은 조약 개정 교섭을 벌였으나 받아들여지지 않았고, 구미의 압도적인 경제력과 군사력을 직접 확인함으로써 국내 개혁과 국력 증강이 얼마나 시급한 일인가를 절감하고 귀국합니다.

一行の留守中に、西郷隆盛による政府は、陸軍省、海軍省を設置し、**太陽暦**を採用するなどの改革を進めますが、外交面では李氏朝鮮から国書の受理を拒絶され、国交を開くことができないといった問題に直面します。朝鮮への強硬政策[征韓論]を主張する西郷隆盛派に対して、欧米歴訪を終えて帰国した岩倉具視や木戸孝允は、内政を優先させる考えから西郷の提案を拒絶します。

　しかし、内政の急激な改革は、一方で国内に様々な不利益を受ける人々を生み出します。特に元々**特権階級**であった旧武士階級、すなわち士族の不満には著しいものがありました。例えば、新政府は一般の国民から徴兵し、常備軍を創設しますが、これは戦闘集団としての武士の特権を奪うものです。また、戊辰戦争の勝ち組である薩摩、長州、土佐、肥前[佐賀県]と負け組との対立も根深いものがありました。それに加えて**廃藩置県**で、多くの武士が職を失います。

　これら不満を持つ士族に同情的であった西郷隆盛や江藤新平は、その結果1874年に政府を去ります。江藤新平は地元佐賀に帰ると不平士族と共に1874年に佐賀の乱を興し処刑されました。

　その後さらに、新政府は四民平等の原則に従い、**武士**

일행이 자리를 비운 사이에 사이고 다카모리에 의해 정부는 육군성·해군성을 설치하고 **태양력**을 채용하는 등 개혁을 실시하지만 외교 면에서는 조선이 국서 수리를 거부해 국교를 맺지 못하는 문제에 직면합니다. 사이고 다카모리 파는 조선에 대한 강경 정책[**정한론**]을 주장하지만, 서구를 방문하고 귀국한 이와쿠라 도모미와 기도 다카요시는 내정을 우선시하려는 의도에서 사이고의 제안을 거절합니다.

그러나 내정의 급격한 개혁은 한편으로 국내에서 갖가지 불이익을 받는 사람들을 양산해냅니다. 특히 원래 **특권 계급**이었던 이전의 무사 계급, 즉 사족의 불만이 두드러졌습니다. 이를테면 신정부가 일반 국민을 징병해 상비군을 창설하는 것은 전투 집단인 무사의 특권을 뺏는 것이었습니다. 또한 보신 전쟁에서 이긴 사쓰마, 조슈, 도사, 히젠[현재의 사가 현]과 패배한 측의 대립도 뿌리가 깊었습니다. 여기에 덧붙여 **번을 폐지하고 지방행정을 현으로 편성함으로써** 많은 무사가 직업을 잃었습니다.

불만을 품은 사족에게 동정적이었던 사이고 다카모리와 에토 신페이는 내정 개혁으로 1874년에 정부를 떠납니다. 에토 신페이는 본고장인 사가에 돌아가 불평 사족과 함께 1874년 사가의 난을 일으켜 사형되었습니다.

への**報禄支給**を廃止し、**廃刀令**を発布し、武士のシンボルであった刀を帯びることを禁止します。

薩摩も勝ち組とはいえ、状況は似ていました。彼らのリーダー的存在であった西郷が帰郷すると、不満を抱く士族が西郷を押し立てて、それがついに大規模な反乱へと発展します。1877年、**西南戦争**の勃発です。

9ヵ月に及ぶ九州の大半を巻き込んだ戦争の後、西郷軍は鹿児島に追いつめられ、西郷隆盛は自決します。西南戦争の終結をもって、明治政府はその創世記の混乱を脱してゆくのでした。

自由民権運動から憲法発布までの経緯は？

西南戦争は、不平士族の不満が噴き出した**内戦**でした。そして、西南戦争を鎮圧した政府軍は、士農工商を撤廃し、一般から集めた正規軍でした。将校の中には、戊辰戦争で旧幕府側で活躍した武士も加わっています。

西南戦争以来現在まで、日本では内戦は起きていません。不平士族は、武力での政府転覆は困難として、政治の場での発言権を求める運動を展開します。特に元々明治政府に参画し、その後西郷隆盛たちと政界を去った板

그 후에도 신정부는 사민평등의 원칙에 따라 **무사에게 지급하던 녹봉**을 폐지하고 **폐도령**을 발포해 무사의 상징이었던 칼의 휴대를 금지합니다.

사쓰마 지역도 승자였지만 상황은 비슷했습니다. 불평 사족의 지도자 격인 사이고가 고향으로 돌아오자 그들은 사이고를 앞세웠고 그것이 마침내 대규모 반란으로 발전했습니다. 1877년 **세이난 전쟁**의 발발입니다.

9개월에 걸쳐 규슈 전 지역에 휘몰아친 전쟁 후에 사이고의 군대는 가고시마로 쫓겨나고 사이고 다카모리는 자결합니다. 세이난 전쟁이 종결됨으로써 메이지 정부는 그 탄생기의 혼란에서 벗어나게 되었습니다.

자유민권운동에서 헌법 공포까지의 경위는?

세이난 전쟁은 불평 사족의 불만이 분출된 **내전**이었습니다. 그리고 세이난 전쟁을 진압한 정부군은 사농공상을 철폐하고 일반인 중에서 모집한 정규군이었습니다. 장교 중에는 보신 전쟁 때 구(舊)막부 측에서 활약했던 무사도 포함되어 있었습니다.

세이난 전쟁 이래 현재까지 일본에서 내전은 일어나지 않았습니다. 불평 사족은 무력으로 정부를 전복하기가 곤

板垣退助
(이타가키 다이스케)

大隈重信
(오쿠마 시게노부)

自由民権運動
明治時代前期に、憲法制定、議会の開設、言論と集会の自由の保障など求めた国民運動

垣退助などは、政府が**国会を開設**し、**政党政治**をもって政策を決定すべきであると主張し、同じく政府を去った大隈重信などと共に、**自由民権運動**を全国に広めます。

政府は、新聞条例や集会条例などによって、弾圧を加えようとしますが、一方で、欧米との不平等条約の改正などを考えた場合、日本が立憲君主国であり、法治国家であることを内外に示す必要性にも迫られていました。

外国人を自国の法律で裁くことのできない**治外法権**や、自らが輸入品に関税をかけられない関税自主権のない取引を改善するためには、例えば日本で外国人が不当で残酷な刑に処されることがないことや、状況の変化で高関税をいきなり適応することがないといったことを証明できる制度の構築が必要になります。すなわち、日本という国が、世界が納得する法律で運営されている**法治国家**であるということを、内外に示さないといけないのです。

1883年に完成した鹿鳴館で、当時の外務大臣井上馨は、外国人を連夜**舞踏会**に招き、欧米化した日本を印象づけようとしますが、多くの外国人は、少し前まで**斬首**などの残酷な刑が執行されていた日本のことを信用できません。

란하자 정치적인 방법으로 발언권을 모색하는 운동을 전개합니다. 특히 본래 메이지 정부에 참가했다가 사이고 다카모리 측과 정계를 떠났던 이타가키 다이스케 등은 정부가 **국회**를 개설하고 **정당정치**를 통해 정책을 결정해야 한다고 주장했고, 마찬가지로 정부를 떠났던 오쿠마 시게노부 등과 함께 **자유민권운동**을 전국으로 확대합니다.

정부는 신문 조례와 집회 조례 등으로 탄압을 가하려 했으나 한편으로 구미와의 불평등조약 개정 등을 고려할 때 일본이 입헌군주국이고 법치국가임을 내외에 알릴 필요성이 시급했습니다.

외국인을 자국의 법률로 재판할 수 없는 **치외법권**과 스스로 수입품에 관세를 매길 수 없는, 관세자주권이 없는 거래를 개선하기 위해서는, 가령 일본에서 외국인이 부당하게 잔혹한 형으로 처벌당하는 일이 없다는 점과 상황 변화에 따라 터무니없이 높은 관세가 적용되는 일이 없다는 점을 증명할 수 있는 제도를 구축하는 것이 필요했습니다. 즉, 일본이라는 국가가 세계가 납득할 수 있는 법률로써 운영되는 **법치국가**임을 내외에 보여주어야 했습니다.

1883년에 완성된 로쿠메이칸 외국 손님을 접대하기 위한 사교장 에서 당시 외무대신 이노우에 가오루는 외국인들을 매일 밤 **무도회**에 초대해 서구화된 일본을 보여주고자 했으나 많

자유민권운동
메이지 시대 전기에 헌법 제정, 의회 개설, 언론과 집회의 자유 보장 등을 요구한 국민운동

> **一口メモ: 鹿鳴館**
>
> 現在の千代田区内幸町に、お雇い外国人であるジョサイア・コンドルの設計により建てられた。レンガ創り2階建てで、1階に大食堂、談話室、ライブラリーがあり、2階が開け放つと100坪にもなった舞踏室であった。

そうした観点からみた場合、自由民権運動を弾圧すること自体、諸外国へのイメージダウンにつながってしまいます。

政府は最終的に、1889年に**大日本帝国憲法**を発布し、翌年には、国税を15円以上納税する25歳以上の男子に**選挙権**を与え、総選挙を実施、国会を開設しました。それ以前1885年には**太政官制**を廃止して、**内閣制度**がスタートし、長州出身の伊藤博文が初代**内閣総理大臣**に任命されています。

伊藤博文
(이토 히로부미)

しかし、大日本帝国憲法では、内閣総理大臣も国務大臣も等しく天皇が任命することになっており、国会の最大政党が組閣する責任内閣制は採用されていません。大日本帝国憲法は天皇が**主権者**であり、日本は、天皇が内閣とは独立した陸海軍の統帥権を持った**君主制国家**であることを規定した憲法だったのです。

> **한마디 메모: 로쿠메이칸**
> 현재 지요다구 우치사이와이초에 있고, 외국인인 조사이어 콘더(Josiah Conder)의 설계로 건축되었다. 벽돌로 된 총 2층 건물로 1층에는 식당, 회의실, 공연장이 있고 2층을 트면 100평이나 되는 무도회장이었다.

은 외국인들은 얼마 전까지만 해도 **참수** 등의 잔혹한 형이 집행되던 일본을 신용할 수 없었습니다.

그러한 관점에서 볼 때 자유민권운동을 탄압하는 자체가 외국에 일본에 대한 이미지 하락이 될 수 있었습니다.

정부는 최종적으로 1889년에 **대일본제국헌법**을 공포하고 이듬해에는 국세를 15엔 이상 납부하는 25세 이상의 남자에게 **선거권**을 부여하고 총선거를 실시해 국회를 개설했습니다. 그보다 앞선 1885년에는 **다이죠칸제**太政官制를 폐지하고 **내각 제도**를 시작해 조슈 출신의 이토 히로부미가 초대 **내각 총리대신**에 임명됩니다.

그러나 대일본제국헌법에서는 내각 총리대신과 마찬가지로 국무대신도 천황이 임명하도록 되어 있어서 국회의 최대 정당이 내각을 조직하는 책임내각제는 채용되지 않았습니다. 대일본제국헌법은 천황이 **주권자**이고 일본은 천황이 내각과 독립된 육해군의 통수권을 지닌 **군주제 국가**임을 규정한 헌법에 지나지 않았습니다.

コラム: 世界言語の英語

現在では英語が世界の言語になっています。その背景には、19世紀から20世紀にかけて、世界中に植民地をもって君臨したイギリスの影響と、第一次世界大戦後、世界最大の債権国に成長し、第二次世界大戦以後、世界に最も影響力を行使したアメリカの存在があげられます。

しかし、19世紀に既に英語が世界言語であったかといえば、そうではありません。トルストイの名著『戦争と平和』などを読むと、ロシア貴族がフランス語で話をしている場面がよくでてきます。実際、18世紀のルイ14世下、フランスの貴族文化がヨーロッパ全土に輸出されると、上流社会ではフランス語が世界言語のように使用されていた時期もありました。

鹿鳴館の時代、そうしたフランス文化の影響はまだ色濃く残っており、おそらく鹿鳴館で繰り広げられていたパーティでもフランス語が英語と同じかあるいはそれ以上に幅を利かせていたのではないでしょうか。

ナポレオン戦争以来、世界戦略を巡って、フランスとイギリスは激しく対立します。アジアにおいてフランスはベトナムを拠点に、中国にも進出し、幕末は徳川幕府を支援しました。一方、イギリスが薩摩や長州を支援したことは周知の事実です。当時の列強の世界戦略のもう一つの側面が、言語と文化の輸出にあったことを我々は知っておく必要があるようです。

칼럼: 세계의 언어, 영어

현재는 영어가 세계의 언어가 되었습니다. 그 배경에는 19세기에서 20세기에 걸쳐 전 세계에 식민지를 거느리고 군림한 영국의 영향과 제1차 세계대전 후 세계 최대의 채권국으로 성장해 제2차 세계대전 이후 세계에서 가장 영향력을 행사한 미국의 존재를 들 수 있습니다. 그러나 19세기에 이미 영어가 세계 언어였는가 하면 그렇지는 않습니다. 톨스토이의 명저 『전쟁과 평화』에서는 러시아 귀족이 프랑스어로 말하는 장면이 자주 나옵니다. 실제로 18세기 루이 14세하의 프랑스 귀족 문화가 전 유럽에 수출되자 상류사회에서는 프랑스어가 세계 언어처럼 사용된 시기도 있었습니다.

로쿠메이칸 시대에는 그러한 프랑스 문화의 영향이 아직 강하게 남아 있어서 아마 로쿠메이칸에서 펼쳐진 파티에서도 프랑스어가 영어와 같거나 아니면 그 이상으로 위세를 떨쳤을 것입니다.

나폴레옹 전쟁 이래 세계 전략을 둘러싸고 프랑스와 영국은 격렬하게 대립합니다. 프랑스는 아시아에서 베트남을 거점으로 중국에도 진출하고 막부 말에는 도쿠가와 막부를 지원했습니다. 한편 영국이 사쓰마와 조슈를 지원한 일은 잘 알려진 사실입니다. 당시 열강의 세계 전략에서 또 하나의 측면이 언어와 문화의 수출에 있었다는 사실을 알아둘 필요가 있을 것 같습니다.

ターニングポイント 20 日清戦争と日露戦争

日清戦争とは？

当時、強国ロシアが**シベリア鉄道**を敷設し、北から極東での**利権獲得**の機会を狙っていました。すでに、**清**とは、シベリア鉄道と直結して**満州**に伸びる**東清鉄道**の敷設権を獲得し、権益の拡大を狙っていました。

日本は、1875年にロシアと交渉し、領有権が曖昧であった**樺太**を放棄するかわりに、**千島列島を日本が領有する樺太千島交換条約**を締結し、ロシアとの国境問題は解決していました。しかし、将来のロシアの脅威を考えたとき、朝鮮半島を日本の影響下に置くべきであると、明治政府は考えます。

当時、朝鮮半島は李氏朝鮮王朝の保守的な統治のも

千島列島
根室海峡からカムチャツカ半島の南の千島海峡までの間に連なる列島

청일전쟁과 러일전쟁

청일전쟁이란?

당시 강국 러시아는 **시베리아 철도**를 부설하고 북쪽에서 극동쪽으로의 **이권** 획득 기회를 엿보고 있었습니다. 이미 **청나라**와는 시베리아 철도로 직결되어 있어서 **만주**까지 연장되는 **동청철도**의 부설권을 획득하고 권익 확대를 노리고 있었습니다.

일본은 1875년에 러시아와 교섭해서 영유권이 모호했던 **가라후토**^{사할린의 일본명}를 포기하는 대신에 **지시마 열도**^{쿠릴 열도의 일본명}를 일본이 영유하는 **가라후토·지시마교환조약**을 체결해 러시아와의 국경 문제는 해결되었습니다. 그러나 메이지 정부는 장래 러시아의 위협을 고려할 때 한반도를 일본의 영향하에 두는 것이 좋다고 생각합니다.

지시마 열도
네무로 해협에서 캄차카 반도의 남쪽 지시마 해협까지 사이에 늘어선 열도

と、清に対して隷属していました。日本は朝鮮半島の**機会均等**を求めて清と交渉し、朝鮮にちょうど江戸末期の尊王攘夷を思い出させるような**東学党の乱**が起きると、清と共に出兵してそれを鎮圧します。そして、その後も日本が朝鮮半島に軍隊を駐留させたことから、ついに1894年に清との全面戦争となったのです。日清戦争の勃発です。

明治維新以来、軍の近代化に積極的に投資をしていた日本は、翌年までに清の**北洋艦隊**を撃破し、**山東半島の要衝**も占領し勝利します。講和条約は日本の下関で締結されたことから、**下関条約**と呼ばれています。

その結果、日本は清国から多額の**賠償金**を獲得し、台湾と**澎湖島**、**遼東半島**の領有を認めさせます。そして翌年、**日清通商航海条約**を締結しますが、これは以前、日本が欧米と締結した不平等条約と酷似したものでした。

ところが、下関条約締結直後に、中国での利権の拡大をもくろむロシアが、フランスとドイツを伴って、遼東半島の中国への返還を日本に要求します。列強3国の圧力に屈した日本は、その要求をのみますが、この三国干渉が**国民感情**を刺激し、10年後のロシアとの戦争の**伏線**になるのです。

東学党の乱
この朝鮮半島での内戦が、日清戦争に発展する。東学とは儒・仏・道教を折衷した宗教で、内戦の関与者に東学の信者が多かった。甲午農民戦争とも言う

山東半島
渤海湾を隔てて遼東半島に向かい合う中国最大の半島

遼東半島
中国遼寧省の南部に位置する半島

당시 한반도는 조선왕조의 보수적 통치 아래 청나라에 예속되어 있었습니다. 일본은 한반도에 대한 **기회균등**을 요구하며 청나라와 교섭했고 조선에서 때마침 에도 말기의 존왕양이와 유사한 **동학혁명**이 일어나자 청나라와 함께 출병해 진압합니다. 그리고 그 후에도 일본은 한반도에 군대를 주둔시켰고 마침내 1894년에 청나라와 전면전쟁에 들어섰습니다. 청일전쟁의 발발입니다.

메이지 유신 이래 군대 근대화에 적극적으로 투자한 일본은 이듬해 청나라의 **베이양 함대**를 격파하고 **산둥 반도의 요지**도 점령해 승리합니다. 강화조약은 일본의 시모노세키에서 체결되어 **시모노세키조약**이라고 부릅니다.

그 결과 일본은 청나라로부터 막대한 **배상금**을 획득하고 타이완과 **펑후다오, 랴오둥 반도**에 대한 영유를 인정받았습니다. 그리고 이듬해 체결한 **청일통상항해조약**은 이전에 일본이 구미와 체결했던 불평등조약과 흡사한 것이었습니다.

그러나 시모노세키조약 체결 직후에 중국에 대한 이권 확대를 노리고 러시아가 프랑스, 독일과 연합해 랴오둥 반도를 중국에 반환할 것을 일본에 요구합니다. 일본은 열강 3국의 압력에 굴복해 그 요구를 받아들이지만 이 3국 간섭이 **국민감정**을 자극하고, 10년 후의 러일전쟁의

동학혁명
이 내전이 청일전쟁으로 발전한다. 동학은 유교·불교·도교를 절충한 종교로 내전 관여자 중에 동학 신자가 많았다. 갑오농민전쟁이라고도 한다

산둥 반도
보하이 만을 사이에 두고 랴오둥 반도와 마주한 중국 최대의 반도

랴오둥 반도
중국 랴오닝 성 남부에 위치한 반도

日清戦争が起きると、日本国内での自由民権派と政府との対立はなくなり、国民はこぞって政府の後押しをします。まさに、国内の矛盾を外に目をやることでそらしたわけです。

　日本の近代化は、急速な西欧化の歴史で、諸外国が参考にするほど成功したかに見えます。しかし、それは過去の日本のように海外の文化を消化し、自らの文化を形成するには、あまりにも短期間で急速な**異文化**の導入でした。そのアンバランスと、急速な投資によって生じた経済的矛盾が微妙に影響し合いながら、日本は**かつてない積極的な対外進出**へと自らを追いやるのです。

日露戦争とは？

　政府は日清戦争のあと、ロシアを**仮想敵国**とし、国家予算の半分までをつぎ込んで、**軍備を増強**します。議会は、政党内閣を目指し、様々な**駆け引き**の末、自由民権運動家の一部と伊藤博文などの明治維新以来の元勲による、**立憲政友会**が政権を担当し、その後**対ロ強硬策**を主張する桂太郎が首相となります。

桂太郎(가쓰라 다로)

　当時、ロシアは、李氏朝鮮内の**反日勢力**と連携してい

복선이 됩니다.

청일전쟁이 일어나자 일본 국내에서는 자유 민권파와 정부의 대립이 없어지고 국민 모두가 정부를 후원합니다. 그야말로 국내의 모순에 대해 외부로 눈을 돌리게 하여 무마하고자 한 것입니다.

일본의 근대화는 급속한 서구화의 역사로서 여러 국가들이 참고할 만큼 성공한 것처럼 보입니다. 그러나 과거 일본이 해외 문화를 소화해 자신의 문화를 형성해온 것에 비하면 너무나도 단기간이었고 급속한 **이문화** 도입이었습니다. 그러한 불균형과 급속한 투자에 의해 발생한 경제적 모순이 미묘하게 서로 영향을 주면서 일본은 **전례 없는** 적극적인 대외 진출로 스스로를 몰아갑니다.

러일전쟁은?

정부는 청일전쟁 후에 러시아를 **가상 적국**으로 삼고 국가 예산의 절반을 쏟아부어 **군비를 증강**합니다. 의회가 정당내각을 목표로 여러 차례 **교섭**한 끝에 자유민권운동가 일부와 이토 히로부미 등 메이지 유신 이래의 원훈에 의한 **입헌정우회**가 정권을 담당하고 후에 **러시아에 대한 강경책**을 주장하는 가쓰라 다로가 수상이 됩니다.

西太后
清末期の権力者。咸豊帝の后で、同治帝の母。1835～1908

ました。清では列強の進出の中で、皇帝を擁して近代化を進める一派と国を実質上支配していた皇帝の叔母にあたる**西太后**（せいたいごう）とが対立し、1898年に皇帝派が一掃されます。同年、国の混乱の原因が欧米列強の植民地主義にあるとして、**排外主義**をかざす宗教団体、**義和団**が争乱を起こします。その活動を清国政府が支援したため国際紛争となり、日本とロシアを含む各国連合軍が北京に出兵するという事件が起きました。ロシアは事件解決後も兵を引きません。

　ロシアの極東進出には理由がありました。1853年に、ロシアは中近東への権益の拡大を狙ってトルコとクリミア戦争を起こしますが、イギリスやフランスとトルコが連合し、戦いに破れます。そのため、ロシアは**領土拡大の矛先を中東から極東に変えた**のです。

　このロシアの動きを、早くから中国に投資していたイギリスは警戒します。イギリスは、ロシアと対抗するために、日本に急速に接近、日清戦争直前に不平等条約を大筋で改正し、1901年に親英派の桂太郎内閣が成立すると、**日英同盟**を締結します。一方、ロシアはイギリスのライバルであるフランスと同盟しており、日本はこうした国際関係の複雑なしがらみに捉えられてゆき

日英同盟
日本とイギリスとの間の軍事同盟。第一次世界大戦までの間、日本の外交政策の基盤となった。1902～1923

당시 러시아는 조선왕조 내의 **반일 세력**과 손잡고 있었습니다. 청나라에서는 열강이 진출한 가운데 황제를 옹립해 근대화를 추진하는 일파와 나라를 실질적으로 지배하고 있던 황제의 숙모 **서태후**가 대립해 1898년 황제파가 일소됩니다. 같은 해에는 정국 혼란의 원인이 구미 열강의 식민지주의라고 해서 **배외주의**를 내건 종교 단체 **의화단**이 반란을 일으킵니다. 청나라 정부가 그 활동을 지원한 일로 국제분쟁이 일어나 일본과 러시아를 포함한 각국 연합군이 베이징에 출병하는 사건이 일어났습니다. 러시아는 사건 해결 후에도 군대를 퇴각시키지 않았습니다.

러시아의 극동 진출에는 이유가 있었습니다. 1853년에 러시아는 중근동에 대한 권익의 확대를 노리고 오스만투르크와 크림 전쟁을 벌이지만 영국과 프랑스, 오스만투르크가 연합한 전투에 졌습니다. 그 때문에 러시아는 **영토 확대**의 화살을 중동에서 극동으로 돌렸던 것입니다.

일찍부터 중국에 투자하고 있던 영국은 이런 러시아의 움직임을 경계합니다. 영국은 러시아에 대항하기 위해 일본에 재빨리 접근해 청일전쟁 직전에 불평등조약을 대폭 개정하고 1901년에 친(親)영국파인 가쓰라 다로 내각이 성립하자 **영일동맹**을 체결합니다. 한편 러시아는 영국의 라이벌인 프랑스와 동맹을 맺고 있어 일본은 이런

서태후
청나라 말기의 권력자. 함풍제의 황후로서 동치제의 어머니.
1835~1908

영일동맹
일본과 영국 사이의 군사동맹. 제1차 세계대전이 일어나기 전까지 일본 외교 정책의 기반이 되었다.
1902~1923

ます。

　1903年、日本はロシアと開戦します。日本は主要な戦争では勝利し、最終的に**旅順のロシア要塞**が陥落、**奉天の会戦**で勝利、そしてロシアの誇る**バルチック艦隊**を日本海で壊滅させ諸外国を驚嘆させます。しかし、国力はすでに限界で、膨大な戦費を使い果たし、国家財政は破綻寸前でした。110万人という前代未聞の兵力を注入し、戦死者は8万4000人以上になります。そして、ロシアはロシアで**帝政**末期の様々な矛盾の中で兵の士気も下がり、首都ペテルスブルグでは、国会の開設を請願して行進していた労働者に、軍隊が発砲し多数の死傷者をだす、**血の日曜日事件**が起き、政情が極度に緊迫します。

　こうした両国の窮状を背景に、アメリカのセオドア・ルーズベルト大統領の仲裁で、1905年、アメリカのポーツマスで、**講和条約**が締結されたのでした。

バルチック艦隊
ロシア帝国海軍のバルト海に展開する艦隊。1905年5月27日〜5月28日、日露戦争中に対馬沖で東郷平八郎率いる日本の連合艦隊と遭遇、日本の連合艦隊によって壊滅させられた

血の日曜日
1905年1月22日、当時のロシア帝国の首都サンクトペテルブルグで行われた労働者によるデモに対し政府当局が発砲、多数の死傷者を出した事件

日露戦争後の世界と日本は？

　日露戦争は、日本の大きな転換点になりました。

　ポーツマス条約を斡旋したアメリカの意図は、あのペリー以来のアジア太平洋政策にありました。日露戦争直

국제 관계의 복잡한 굴레에 얽혀듭니다.

1903년 일본은 러시아와 전쟁을 시작합니다. 일본은 주요 전투에서 승리해 최종적으로는 **뤼순**의 러시아 **요새**를 함락하고 **펑톈 전투**에서 이겨 러시아가 자랑하는 **발틱 함대**를 동해에서 섬멸시킴으로써 다른 국가들을 경탄하게 했습니다. 그러나 일본의 국력은 이미 한계에 달했고 막대한 전쟁 비용을 사용한 결과로 국가 재정은 파탄 직전이었습니다. 110만 명이라는 전대미문의 병력을 투입했고 사상자는 8만 4,000명 이상이었습니다. 그리고 러시아는 러시아대로 **제정** 말기의 갖가지 모순의 한가운데에 놓여 있어서 병사들의 사기는 떨어졌고 수도 페테르부르크에서는 국회 개설을 청원하며 행진하던 노동자들에게 군대가 발포해 다수의 사상자를 낸 **피의 일요일 사건**이 일어나 정세는 극도로 긴박해졌습니다.

이런 양국의 절박한 상태를 배경으로 미국의 시어도어 루스벨트 대통령이 중재에 나서 1905년 미국 포츠머스에서 **강화조약**이 체결되었습니다.

발틱 함대
러시아 제국 해군이 발트 해에 배치한 함대. 1905년 5월 27~28일 러일전쟁 중에 쓰시마 근해에서 도고 헤이하치로가 이끄는 일본 연합함대와 만나 이 함대에 의해 섬멸되었다

피의 일요일
1905년 1월 22일 당시 러시아 제국의 수도 상트페테르부르크에서 있었던 노동자 시위에 정부 당국이 발포해 다수의 사상자를 낸 사건

러일전쟁 후의 세계와 일본은?

러일전쟁은 일본에게 큰 전환점이 되었습니다.

前、1898年にアメリカはハワイを**併合**しました。そこからフィリピン、そして中国へと自らの権益を伸ばしてゆきます。一方、イギリスは、日英同盟と日露戦争によって、日本という脅威を懐柔しながら、ロシアを北方に追いやることができました。

極東は、西欧列強からみれば遠隔地です。日本は、その一番端にあるという特異性によって、その黎明期から独立を保ってきました。ところが、アメリカにとってもイギリスにとっても、日本は中国という広大な市場へつながる重要な戦略ポイントとなったのです。太古、中国の「東」という風に日本は位置づけられていました。それが、近代から現代には、中国の「前」という位置へと変化したのです。それが危険な釘となるか、友好的なスポンジとなるか、列強はまだ判断できずにいたのです。

ポーツマス条約では、日本の窮状を知るロシア側は**強硬**で、交渉は難航します。結局、**全権大使**のウィッテは、樺太の南半分を日本に割譲し、朝鮮半島の日本の**優越権**が保証され、東清鉄道の南半分[**満州鉄道**]、遼東半島南部の日本への譲渡などに同意します。しかし、**賠償金**は獲得できませんでした。

枯渇した国家財政を賠償金で補えなかったことは大き

포츠머스조약을 알선한 미국의 의도는 페리호 이래로 계속되어온 아시아·태평양 정책에 있었습니다. 러일전쟁 직전인 1898년에 미국은 하와이를 **병합**했습니다. 그리고 필리핀, 중국으로 권익을 확대해나갑니다. 한편 영국은 영일동맹과 러일전쟁으로서 일본이라는 위협적 요소를 회유해 러시아를 북방으로 내쫓을 수 있었습니다.

극동은 서구 열강에서 보면 멀리 떨어져 있는 땅입니다. 일본은 그 가장 끝자락에 있다는 특이성 때문에 그 여명기부터 줄곧 독립을 지킬 수 있었습니다. 그러나 미국에게도 영국에게도 일본은 중국이라는 광대한 시장으로 연결되는 중요한 전략 포인트였던 것입니다. 먼 옛날 일본은 중국의 '동쪽'으로 일컬어져 왔습니다. 그러나 근대부터 현대에는 중국의 '앞쪽'으로 위치가 변한 것입니다. 그것이 위험한 걸림돌이 될지 우호적인 스펀지가 될지 아직 열강은 판단을 내리지 못하고 있었습니다.

포츠머스조약에서 러시아 측은 일본의 궁핍한 상태를 알고 **강경**하게 나와 교섭은 난항을 겪습니다. 결국 러시아의 **전권대사**재무상인 비테는 가라후토의 남반부를 일본에 할양하고 한반도에서 일본의 **우월권**을 보증하며 동청철도의 남쪽 부분[**만주철도**]과 랴오둥 반도 남부를 일본에 양도하는 데 동의합니다. 그러나 **배상금**은 획득하지 못

な痛手です。国民は、多大な犠牲を強いられた末、戦争に勝利したものと思っていただけに、その結果に強く反発します。日本の全権大使として交渉に臨んだ小村寿太郎は強い非難を浴び、東京の日比谷などでは大規模な暴動が起きたほどでした。

一方、アメリカは、**桂タフト協定**で、アメリカのフィリピンへの進出を日本に認めさせ、日本の朝鮮半島支配には異を唱えないとの**密約**を1905年に結びます。同時にアメリカは、中国市場への**本格的な参入**を目論んでおり、日本が獲得した満州鉄道の**共同経営案**を提示しますが、日本はそれを拒否します。日本とアメリカは中国への利権を巡り、次第に対立するようになるのです。

日露戦争以降、極東の小さな国日本は、**大国意識**をもって列強として国際政治に積極的に参加します。その自信と国家経済の破綻という矛盾が、日本を朝鮮半島と中国への利権獲得に駆り立てます。日露戦争は、日本が今までにない傲慢さで世界に挑む、大きな転換点となった戦争なのです。

桂タフト協定の内容
日本はアメリカのフィリピン政策を認め、代わりにアメリカは日本の韓国における指導的地位を認める。また極東の平和維持を日米英の同盟で行うこと

했습니다.

고갈된 국가 재정을 배상금으로 보충하지 못하게 된 점은 큰 타격이었습니다. 국민은 막대한 희생을 강요당한 끝에 전쟁에 승리했다고 여겼던 만큼 그 결과에 강하게 반발합니다. 일본의 전권대사로서 교섭에 임한 고무라 주타로는 거센 비난을 받았고 도쿄의 히비야 등지에서는 대규모 폭동이 일어날 정도였습니다.

한편 미국은 **가쓰라·태프트협정**으로 필리핀 진출을 일본에게 인정받고 일본의 한반도 지배에 이의를 제기하지 않는다는 **밀약**을 1905년에 맺습니다. 동시에 미국은 중국 시장에 대한 **본격적인 참가**를 꾀하고 일본이 획득한 만주철도의 **공동경영안**을 제시하지만 일본은 그것을 거부합니다. 일본과 미국은 중국에 대한 이권을 둘러싸고 점차 대립해나가게 됩니다.

러일전쟁 이후 극동의 작은 나라 일본은 **대국 의식**을 품고 열강으로서 국제정치에 적극적으로 참가합니다. 그 자신감과 국가 경제의 파탄이라는 모순이 일본을 한반도와 중국에 대한 이권 획득으로 몰아갑니다. 러일전쟁은 일본이 지금까지 없던 오만함으로 세계에 도전하는 거대한 전환점이 된 전쟁입니다.

가쓰라·태프트협정의 내용
일본은 미국의 필리핀 정책을 인정하고 대신 미국은 일본의 한국에 대한 지도적 우위를 인정하다. 또 극동의 평화 유지를 미국·영국·일본 동맹으로 수행해나가기로 할 것

터닝 포인트 21 日韓併合

　明治の日本は、維新の改革にはじまって、**日韓併合**に終わります。

　桂タフト協定で、アメリカの支持を取り付けた日本は、同年、日英同盟の延長交渉する中で、日本の朝鮮半島支配をイギリスに認めさせることができました。これによって、日本は外交的な障害なく、朝鮮半島を植民地化することができるようになりました。次第に韓国の**自治権、外交権**を奪います。こうした動きに韓国民衆は反発し、**韓国総監**に就任していた伊藤博文が中国のハルピンで、韓国人青年に暗殺されるという事件も起きました。そして、1910年に日韓併合条約の調印をもって、日本は韓国を正式に植民地とします。ソウルに**朝鮮総督府**

伊藤博文暗殺
韓国併合については当初反対の立場を取っていた伊藤博文だが初代の総監になったことで、韓国人からの恨みを買い、**朝鮮の独立運動家**だった安重根(アンジュングン)にハルビン駅で暗殺された

224　そのとき日本が創られた

일본의 한국 식민지화

메이지 시대의 일본은 유신 개혁으로 시작해 **한국을 식민지화**함으로써 끝납니다.

가쓰라·태프트협정으로 미국의 지지를 얻은 일본은 같은 해 영일동맹의 연장 교섭 과정에서 일본의 한반도 지배에 대한 영국의 승인을 받아냅니다. 이에 따라 일본은 외교적인 장애물 없이 한반도를 식민지화할 수 있게 되었습니다. 서서히 한국의 **자치권·외교권**을 박탈합니다. 이런 움직임에 한국 민중은 반발하고 **한국 총감**으로 취임한 이토 히로부미가 중국 하얼빈에서 한국인 청년에게 암살되는 사건도 일어났습니다. 그리고 1910년에 한일병합조약에 조인함으로써 일본은 한국을 정식으로 식민지화합니다. 서울에 **조선총독부**를 설치하고 군인에 의

이토 히로부미 암살
이토 히로부미는 한국 병합에 대해서 당초 반대 입장을 취했으나 초대 총감이 된 일로 한국인들로부터 원한을 사 독립운동가였던 안중근에게 하얼빈역에서 암살되었다

を設置し、軍人による武断的な植民地支配をはじめたのでした。

　西欧列強は、19世紀から20世紀初頭にかけて、産業革命によって飛躍的に成長した自国の商圏の拡大を求め、アジアやアフリカで積極的な植民地経営に乗り出していました。この列強の考え方を**帝国主義**と呼びます。

　日本は、帝国主義のまっただ中で明治維新を迎え、明治天皇が亡くなった1912年には、自らが帝国主義の担い手となったわけです。

　日露戦争も、日本とロシアとが交戦しながら、戦場は中国東北地方でした。また、日韓併合直前の1907年に、ハーグでの国際会議に韓国皇帝が日本の横暴を訴える**密使**を送りますが、日本の韓国支配を認めていた欧米列強は、それを黙殺します。これは、アジアにおいて、日本だけが、欧米列強と同じ立場で植民地獲得について渡り合えることを象徴した事件といえます。ちなみに、日本を苛んでいた列強との不平等条約も1910年には全面的に改正されています。

　例えばトルコやインドなどのように、日本に遠いアジアでは、日本の飛躍的な成長を賞賛した指導者も多くいました。しかし、韓国や中国など、日本に近いアジア

한 무단정치로 식민지 지배를 시작했습니다.

서구 열강은 19세기에서 20세기 초에 걸쳐 산업혁명을 통해 비약적으로 성장한 자국의 상권 확대를 모색하고자 아시아와 아프리카에서 적극적으로 식민지 경영에 나섰습니다. 이런 열강의 사고방식을 **제국주의**라고 부릅니다.

일본은 제국주의의 한가운데에서 메이지 유신을 맞이하고 메이지 천황이 죽은 1912년에는 스스로 제국주의의 일꾼을 자처하게 됩니다.

러일전쟁은 일본과 러시아의 교전이지만 전쟁터는 중국 동북 지방이었습니다. 또 한일병합조약을 체결하기 직전인 1907년에 헤이그에서 열린 국제회의에 한국 황제가 일본의 횡포를 폭로하기 위한 **밀사**를 보냈으나 일본의 한국 지배를 승인한 구미 열강은 이를 묵살합니다. 그것은 아시아에서 일본만이 구미 열강과 같은 입장에서 식민지 획득을 다툴 수 있다는 것을 상징하는 사건이었습니다. 더불어 일본을 괴롭히던 열강의 불평등조약도 1910년에는 전면적으로 개정되었습니다.

가령 오스만투르크와 인도 등 일본에서 멀리 떨어진 아시아에서는 일본의 비약적인 성장을 칭찬하는 지도자도 많았습니다. 그러나 한국과 중국 등 일본과 가까운 아시아에서 일본은 **냉혹한 침략자**로 평가되었습니다.

では、日本は**冷酷なる侵略者**として位置づけられるようになるのです。

日本は、日露戦争によって疲弊した国家経済を活性化させるために、一刻も早い朝鮮半島経営と、その延長にある中国東北地方の経営を進めようとします。これは、同地への機会均等を主張するアメリカとの溝を深め、イギリスもそうした日本の動きに警戒感を持つようになります。

日本は、数年前に戦ったロシアと日露協約を締結し、こうした動きに対抗し、中国東北地方への進出をさらに加速します。20世紀初頭、極東を巡る列強の提携と対立の絵図面は、大きく塗り替えられてゆくのです。

日露協約
英米への牽制のためもあり日本はロシアと互いに権益を認めあう協約を結ぶ。しかし1917年にロシア帝国が滅亡すると、協約はソビエト政府に破棄された

일본은 러일전쟁에 의해 피폐해진 국가 경제를 활성화시키기 위해 한시라도 빨리 한반도와 그 연장에 있는 중국 동북 지방의 경영을 추진하고자 합니다. 이는 같은 지역에 대한 기회균등을 주장하는 미국과의 갈등이 깊어졌기 때문이고, 영국도 그러한 일본의 움직임에 경계심을 나타내게 됩니다.

일본은 수년 전에 전쟁을 치른 러시아와 러일협약을 체결하고 이런 움직임에 대항해 중국 동북 지방에 대한 진출을 더욱 가속화했습니다. 20세기 초에 극동 지역을 둘러싼 열강의 제휴와 대립 판도는 크게 바뀌어갔습니다.

러일협약
미국과 영국을 견제하려는 목적도 있어 일본은 러시아와 상호 권익을 인정해주는 협약을 맺는다. 그러나 1917년 러시아 제국이 멸망하자 협약은 소비에트 정부에 의해 파기되었다

터닝 포인트

22 第一次世界大戦

第一次世界大戦での日本は？

19世紀末から20世紀への世界をみるときに、3つの大国の崩壊に注目する必要があります。それらは全て近世まで世界に君臨したアジアの大帝国でした。

最初に起きたのは、モンゴル帝国の末裔によって1526年に建国され、インドのほとんどを統治していた**ムガール帝国**の滅亡とその後のイギリスによるインドの植民地化です。このインドの植民地化によって、イギリスはアジア全体への強い**利権**を享受するようになります。

次は、満州族によって260年に亘って維持されてきた**清帝国**が、軍人として台頭した袁世凱(えんせいがい)によって1912年に

モンゴル帝国
チンギス・ハンが創設した遊牧国家。
1206〜1634

ムガール帝国
インド南部を除くインド亜大陸を支配したモンゴル系イスラム王朝。1526〜1858

제1차 세계대전

제1차 세계대전 때의 일본은?

19세기 말에서 20세기의 세계를 살펴볼 때 3개 대국의 붕괴에 주목할 필요가 있습니다. 이들 국가는 모두 근세까지 세계에 군림한 아시아의 대제국이었습니다.

최초로 일어난 붕괴는 몽골 제국의 후예가 1526년에 건국해 거의 인도 전역을 통치했던 **무굴 제국**의 멸망과 그 후 영국이 인도를 식민지화한 일입니다. 인도를 식민지화함으로써 영국은 아시아 전체에 대한 강력한 **이권**을 누리게 되었습니다.

다음은 만주족에 의해 260년에 걸쳐 유지되어온 **청 제국**이 군인으로서 대두한 위안스카이에 의해 1912년에 마침내 멸망한 것입니다.

몽골 제국
칭기즈 칸이 창설한 유목국가. 1206~1634

무굴 제국
인도 남부를 제외한 인도 반도 전역을 지배했던 몽골계 이슬람 왕조. 1526~1858

東ローマ帝国
東西に分割統治されて以降のローマ帝国の東側の領域を指す。395〜1453

オスマン帝国、トルコ帝国
東ローマ帝国滅亡後、東南ヨーロッパ、トルコ、アラビアを席捲した。1299〜1923

ついに滅亡したことです。

そして、最後に注目したいのが、**東ローマ帝国の滅亡**以来、長年中近東を支配してきた**オスマントルコ帝国の衰退**と、第一次世界大戦後の帝国の滅亡です。

このアジアに君臨した3大帝国が衰亡してゆく過程に、日本の大陸進出があり、死にゆく大帝国に残された権益をめぐった欧米列強の熾烈な争いがあるのです。

オスマントルコの場合、**版図**の中に現在の東ヨーロッパ南部が加わっており、そこにはイスラム教徒とカトリック教徒、そして**ギリシャ正教徒**が同居していました。その地域でのオスマントルコからの独立運動と民族の自立は、そのままロシアや**オーストリア・ハンガリー帝国**、当時急速に国力を蓄えたドイツ帝国など周辺の国々の利権と絡み合い、複雑な**政治的混沌**を生み出します。

1914年にセルビアでオーストリア・ハンガリー帝国の皇太子が暗殺され、オーストリアとセルビアとが戦争状態になると、様々な同盟関係に縛られていた列強がそれに加わり、たちまち戦火がヨーロッパに拡大します。

日本は、オーストリアとドイツ、そしてオスマントルコに対して戦線を布告したイギリスと同盟関係にあ

그리고 마지막으로 주목할 것은 **동로마 제국**의 멸망 이래 오랜 세월 중근동을 지배해온 **오스만투르크 제국**의 쇠퇴와 제1차 세계대전 후의 제국 멸망입니다.

아시아에서 군림했던 3대 제국의 쇠퇴 과정에는 일본의 대륙 진출이 있었고 멸망해가는 대제국에 남아 있는 이권을 둘러싸고 구미 열강의 치열한 전쟁이 펼쳐졌습니다.

오스만투르크의 경우, **판도**의 와중에 현재 동유럽 남부가 가세합니다. 그곳에는 이슬람교도와 가톨릭교도, **그리스정교도**가 더불어 살고 있었습니다. 그 지역에서 일어난 오스만투르크로부터의 독립운동과 민족 자립은 그대로 러시아와 **오스트리아·헝가리 제국**, 당시 급속도로 국력을 축적한 인도 제국 등 주변 국가들의 이권과 뒤얽혀 복잡한 **정치적 혼돈**을 자아냅니다.

1914년에 세르비아에서 오스트리아·헝가리 제국의 황태자가 암살되어 오스트리아와 세르비아가 전쟁 상태에 돌입하자 갖가지 동맹 관계에 얽혀 있던 열강이 거기에 가세해 순식간에 전쟁의 불길이 유럽으로 확대됩니다.

일본은 오스트리아와 독일, 오스만투르크에 전쟁을 선포한 영국과 동맹 관계에 있어 독일이 중국에 대한 권익의 거점으로 삼았던 **칭다오**와 태평양의 독일령 섬들을 점령했습니다.

동로마 제국
동서로 분할 통치된 이후의 로마 제국 동쪽 영역을 가리킨다.
395~1453

오스만투르크 제국
동로마 제국 멸망 후에 동남유럽, 터키, 아라비아를 석권했다.
1299~1923

칭다오
독일 제국이 중국 북부의 산둥 반도 남해안에 소유하고 있던 자오저우 만 조차지의 행정 중심지

青島
ドイツ帝国が中国北部の山東半島南海岸に所有していた膠州(こうしゅう)湾(わん)租借地の行政中心地

袁世凱
中国清末民初期の軍人・政治家。大清帝国第2代内閣総理大臣、中華民国臨時大総統、及び大総統。1859～1916

り、ドイツの中国での権益の拠点であった青島(ちんたお)と、太平洋のドイツ領であった島々を占領しました。

　さらに日本は、**袁世凱**の指導する中華民国への派兵の後、軍隊を撤収せずに、ドイツの中国における権益の日本への譲渡などを盛り込んだ**対華21か条の要求**を突きつけ、軍事力を背景に無理矢理、袁世凱の承諾を得ます。もちろん中国の中で反日感情が根付きます。

　欧州の動乱であった第一次世界大戦を利用し、したたかに中国と南太平洋へ影響力を拡大した日本に、イギリスやアメリカが強い警戒感を抱き始め、その後の世界情勢に影を落とすことになったことはいうまでもないことです。

レーニンはロシア・ボルシェビキの創立者、ロシア革命主導者、旧ソ連の最初の指導者。1870～1924

ドイツ共和国(ヴァイマル共和国)
1919年8月に制定・公布されたヴァイマル憲法に基づいた戦間期ドイツの政治体制。1919～1933

第一次世界大戦後の日本の状況は？

　第一次世界大戦の結果、ヨーロッパでも絶対王朝以来の帝国が崩壊し、世界は20世紀の新しい秩序への産みの苦しみがはじまります。

　1917年に、ロシア帝国が革命で倒れ、その後レーニンの指導する**ソビエト連邦**が興ります。世界初の共産主義国家の成立です。次に、第一次世界大戦終了とともにド

더욱이 일본은 **위안스카이**가 지도하는 중화민국에 군대를 파병한 후 철수하지 않고 독일의 중국에 대한 권익을 일본에 양도한다는 내용이 담긴 **중화민국에 대한 21개조 요구**를 내밀고 군사력을 배경으로 강제로 위안스카이의 승낙을 얻어냅니다. 당연히 중국 내부에 반일 감정이 뿌리를 내립니다.

유럽의 동란이었던 제1차 세계대전을 이용해 과도하게 중국과 남태평양에 영향력을 확대한 일본에 영국과 미국이 강한 경계심을 품게 되고 그 후의 세계 정세에 그늘이 드리우게 된 것은 말할 것도 없습니다.

위안스카이
중국 청나라 말과 중화민국 초기의 군인·정치가. 대청 제국 제2대 내각 총리대신, 중화민국 임시 대총통 및 대총통. 1859~1916

제1차 세계대전 후 일본의 상황은?

제1차 세계대전의 결과로 유럽에서도 절대 왕조 이래의 제국이 붕괴하고 세계에서는 20세기의 새로운 질서를 향한 탄생의 고통이 시작됩니다.

1917년에 러시아 제국이 혁명으로 무너지고 그 후에 레닌이 지도하는 **소비에트 연방**이 건설됩니다. 세계 최초의 공산주의국가의 성립입니다. 그 후 제1차 세계대전 종료와 함께 독일 제국에서도 혁명이 일어나 **독일 공화국[바이마르 공화국]**이 탄생합니다. 또 연방제를 유지하고 있

레닌은 러시아 볼셰비키의 창립자이자, 러시아 혁명의 지도자이며, 구소련의 최초 지도자이다. 1870~1924

독일 공화국(바이마르 공화국)
1919년 8월에 제정·공포된 바이마르 헌법에 근거한 전간기(제2차 세계대전 발발 이전까지) 독일 정치체제. 1919~1933

그때 일본이 만들어졌다 235

イツ帝国にも革命が起き、**ドイツ共和国[ヴァイマル共和国]** が誕生します。また、連邦制を維持していたオーストリア・ハンガリー帝国も、内部での独立運動などにより、もろくも崩壊します。

欧州**大変動**の予兆は19世紀からあり、特にロシアを含む東欧では、戦火や**社会不安で大量の難民**が生まれています。**難民**の移住先はアメリカでした。そうした移民による豊富な労働力と多様な英知によって、アメリカ社会は急速に成長し、第一次世界大戦の終了時、アメリカは世界最大の**債権国**へと成長します。

第一次世界大戦は、日本に景気回復をもたらしました。戦争終結にあたって締結された**ヴェルサイユ条約**では、日本から西園寺公望が全権として出席し、大戦で獲得した中国などでの日本の権益を守ることもできました。

ヴェルサイユ条約
1919年6月28日にフランスのヴェルサイユで調印された、第一次世界大戦の講和条約

しかし、戦争で軽工業、重工業双方の海外での需要が高まる中、ロシア革命などでさらなる物資の需要を当て込んだ商人による米の**買い占め**などで米価が高騰します。これが原因で、1918年には全国的に米騒動という暴動が起きてしまいます。戦争が終結すると、世界の需要が元に戻り、過剰生産に投資した分だけ、在庫が増えて企業の経営を圧迫します。戦後の景気後退が予想に反し

던 오스트리아·헝가리 제국도 내부에서의 독립운동 등으로 허무하게 붕괴됩니다.

유럽 **대변동**의 조짐은 19세기부터 있었고, 특히 러시아를 포함한 동유럽에서는 전쟁 피해와 **사회불안**으로 대량 난민이 생겨났습니다. **난민**들은 미국으로 건너갔습니다. 그러한 이민에 의해 풍부한 노동력과 다양한 지식 체계를 발판으로 한 미국 사회는 급속히 성장해 제1차 세계대전이 끝날 무렵에는 세계 최대의 **채권국**으로 성장합니다.

제1차 세계대전은 일본에 경기회복을 안겨주었습니다. 전쟁 종결 즈음에 체결된 **베르사유조약**에서는 일본의 사이온지 긴모치가 전권대사로 출석해 세계대전에서 획득한 중국 등에 대한 일본의 권익을 지킬 수 있었습니다.

베르사유조약
1919년 6월 28일에 프랑스의 베르사이유에서 조인된 제1차 세계대전의 강화조약

그러나 전쟁으로 경공업·중공업 양쪽 모두 해외 수요가 높아진 데다 러시아 혁명 등으로 한층 더 물자 수요가 늘어날 것이라고 내다본 상인들이 쌀을 **매점**하는 등 쌀 가격이 급등합니다. 이것이 원인이 되어 1918년에는 전국적으로 쌀 소동이라는 폭동이 일어납니다. 전쟁이 종결되자 세계 수요가 원래대로 되돌아가 과잉생산에 투자한 만큼 재고가 늘어나고 기업 경영을 압박합니다. 전쟁 후 경기후퇴가 예상과는 달리 가속화됩니다.

섬나라인 일본은 해외 수요에 국내 산업이 크게 의존할

五・四運動
1919年5月4日、北京の学生のデモを契機に起きた中国の民族運動。日本商品のボイコットなど、最後にはヴェルサイユ条約の調印拒否にいたった

ロシア革命
1917年にロシア帝国で起きた社会主義国家樹立につながった2度の革命

て加速します。

　島国日本は、海外の需要に国内の産業が大きく依存せざるを得ないというジレンマを持っています。その市場を安定して獲得するために、日本は朝鮮半島を併合し、中国への進出を目論んだのです。しかし、この政策はさらなる中国民衆の反発につながり、1919年には大規模な**日本製品の不買運動**と、国内の政治改革を叫ぶ**五・四運動**へと発展します。

　また、ロシア革命がおきると、日本は**欧米列強**と社会主義政権の抹殺のために、シベリアに出兵しますが、数年間に亘る戦争の末、革命軍の抵抗にあい、1922年に撤

コラム: 国際感覚を持つこととは

第一次世界大戦は、ヨーロッパの火薬庫と呼ばれたバルカン半島での民族の対立が火種となりました。このことは教科書にも書かれている有名な事実ですが、その80年後、ソ連の崩壊で共産主義という氷河がバルカン半島から後退したとき、同様の民族紛争が勃発し、多くの人が犠牲となったことは、日本では遠い国のこととしてあまり語られていません。しかし、90年代にセルビア人勢力がボスニアに侵入し、多くのイスラム系住民を虐殺したこと、そして今でもコソボを中心として民族対立がおきている事実は、まさに第一次世界大戦と似た政治的背景によるものであることを知っておく必要があります。教科書の上の知識が、現在もいくつかの地域での深刻な政治問題、民族問題となっていることは、日本人が国際感覚を持つ上で、最も気をつけて学びたいことではないでしょうか。

수밖에 없는 딜레마를 안고 있습니다. 그 시장을 안정적으로 획득하기 위해서 일본은 한반도를 병합해 중국으로 진출할 계획이었습니다. 그러나 이 정책은 중국 민중의 거센 반발로 이어져 1919년에는 대규모의 **일본 제품에 대한 불매운동**과 국내 정치 개혁을 부르짖는 **5·4 운동**으로 발전합니다.

또한 러시아 혁명이 일어나자 일본은 **구미 열강**과 사회주의 정권을 말살하고자 시베리아에 군대를 보내지만 수년간에 걸친 전쟁에서 혁명군의 저항에 부딪혀 1922년에 철수합니다. 이 출병의 배경에는 중국에 이어 시베리아에 대한 일본의 권익을 확대하고자 하는 의도가 숨겨져

5·4 운동
1919년 5월 4일 베이징의 학생 데모를 계기로 일어난 중국 민족운동. 일본 상품의 보이콧 등 궁극적으로는 베르사유조약의 조인 거부에 이르렀다

러시아 혁명
1917년에 러시아 제국에서 사회주의국가 수립으로 이어진 두 차례의 혁명

칼럼: 국제적 감각을 지닌다는 것은

제1차 세계대전은 유럽의 화약고로 불리는 발칸 반도의 민족 대립이 불씨가 되었습니다. 이는 교과서에도 실려 있는 유명한 사실이지만 그로부터 80년 후에 소련의 붕괴로 공산주의라는 빙하가 발칸 반도에서 후퇴할 즈음, 민족 분쟁이 발발해 많은 사람이 희생된 것은 일본과는 먼 나라의 일로 여겨져 그다지 언급되지 않았습니다. 그러나 1990년대에 세르비아인 세력이 보스니아에 침입해 많은 이슬람계 주민을 학살한 것과, 그리고 지금도 코소보(세르비아 자치주)를 중심으로 민족 대립이 일어나고 있는 사실은 제1차 세계대전과 유사한 정치적 배경에 의한 것임을 알아둘 필요가 있습니다. 교과서 속의 지식이 지금까지도 몇몇 지역에서는 심각한 정치 문제, 민족 문제로 존재한다는 사실은 일본인이 국제적 감각을 지니기 위해 가장 주의해서 익혀야 할 것이 아닐런지요.

그때 일본이 만들어졌다

兵します。この出兵の背景も、中国に続き、シベリアへの日本の権益の拡大が意図されていました。

　経済問題の解決と市場維持のための海外への進出は、第二次世界大戦までの日本の**根本政策**となってゆくのでした。

있었습니다.

   경제문제의 해결과 시장 유지를 위한 해외 진출은 제2차 세계대전까지 일본의 **근본 정책**을 이루게 되었습니다.

23 関東大震災

터닝 포인트

　1923年9月1日に、東京周辺はマグニチュード7.9の大地震に見舞われます。風の強い日であったこともあり、各所から失火し、地震とその後の火災のために、10万人以上が犠牲になるという関東大震災が起きました。

　東京をはじめ、横浜や千葉など主要都市が**壊滅的な打撃**を受けてしまいます。都市機能は**麻痺**し、新聞などの発行も遅れる中、**流言飛語**が駆け巡ります。

　その中で、朝鮮人が暴動を起こしているという噂に惑わされ、朝鮮人への**集団暴行**、殺害事件が起こり、数百人とも数千人ともいわれる犠牲者が出ています。また、震災のどさくさの中で、**憲兵隊**によって、共産主義の活動家である大杉栄が、愛人と6歳の子供とともに殺害される

간토 대지진

1923년 9월 1일에 도쿄 주변은 진도 7.9의 대지진에 휩싸입니다. 바람이 강한 날이어서 각지에서 화재가 발생해 지진과 그 여파에 따른 화재로 10만 명 이상이 희생되었다고 하는 간토 대지진이 일어났습니다.

도쿄를 시작으로 요코하마, 지바 등 주요 도시가 **괴멸적인 타격**을 받았습니다. 도시 기능이 **마비**되고 신문 등의 발행도 늦어진 상황에서 **유언비어**가 난무했습니다.

그중에서 조선인이 폭동을 일으켰다는 소문이 떠돌자 조선인에 대한 **집단 폭행**, 살해 사건이 일어나 수백 수천 명으로 일컬어지는 희생자가 나옵니다. 또한 지진 피해의 북새통에 **헌병대**에 의해 공산주의 활동가인 오스기 사카에가 애인과 여섯 살 난 아이와 함께 살해되는 사건이

という事件も起こり、全国に衝撃を与えました。

それらは、民主化が進んだ大正デモクラシーという時代の暗部が、浮き彫りにされた事件でした。その暗部は軍部の横暴とそれに煽動され右傾化する大衆が、民主化運動を切り崩してゆくことを予感させるものといえましょう。

関東大震災はその復興に多額の**財政出動**が必要でした。ここでの出費が再び日本経済に暗い影を落としてゆきます。

大正時代は、江戸時代が遠くなり、新聞や雑誌などのさらなる進化によって、全国で情報が共有されるようになりました。1925年にはラジオ放送もはじまり、人々のライフスタイルも大きく変化します。**義務教育**も普及

コラム: 災害時の弱者差別

関東大震災の時に、韓国系の移民が迫害された事件は、日本での韓国人・朝鮮人差別を象徴する事件として今でも語られています。
大災害や国内が混乱したとき、民衆の不安が弱者への迫害へと煽動されるケースは歴史的にも数多く報告されています。例えば、アメリカでは南北戦争の折、徴兵制度へ反発した住民が、ニューヨーク市で大規模な暴動を起こしたとき、南北戦争で利益を享受するのは黒人であるとして、市内の多くの黒人がリンチされた事件などはその代表といえます。この事件は徴兵が、その発端であることからDraft Riotと呼ばれ、1863年の夏に勃発しています。

일어나 전국에 충격을 주었습니다.

이런 사건들은 민주화가 진척된 다이쇼 데모크라시라는 시대의 어두운 부분이 부각된 것이었습니다. 그 어두운 부분은 군부의 횡포와 그것에 선동되어 우경화한 대중이 민주화 운동을 무너뜨릴 것이라는 예감을 몰고 옵니다.

간토 대지진을 재건하는 데는 고액의 **재정 지출**이 필요했습니다. 여기에 지출되는 비용이 다시금 일본 경제에 검은 그림자를 드리웁니다.

다이쇼 시대는 에도 시대와는 달리 신문과 잡지 등이 한층 더 진화함에 따라 전국에서 정보를 공유할 수 있게 되었습니다. 1925년에는 라디오 방송도 시작되어 사람들의 생활 방식도 크게 변화합니다. **의무교육**이 보급되고 일본인의 **식자율**도 대폭적으로 향상됩니다.

칼럼: 재해가 발발했을 때의 약자 차별

간토 대지진 때 한국계 이주민이 박해받은 사건은 일본에 사는 한국인·조선인 차별을 상징하는 사건으로 지금까지도 언급되고 있습니다. 대재해나 국내가 혼란할 때 민중의 불안이 약자에 대한 박해로 선동되는 사례는 역사적으로도 수없이 보고되고 있습니다. 예를 들면 미국에서 남북전쟁 당시 징병제도에 반발한 주민들이 뉴욕 시에서 대규모 폭동을 일으켰을 때 남북전쟁으로 이익을 누리는 이들이 흑인이라고 해서 도시 내의 많은 흑인이 폭행당한 사건입니다. 이 사건은 징병이 발단이 된 데서 '드래프트 폭동'이라고 불렀으며, 1863년 여름에 발발했습니다.

그때 일본이 만들어졌다

し、日本人の識字率も大幅に向上しました。

　文化の上では、西欧風のライフスタイルが日本人にも定着し、和と洋が混ざり合った現代の日本に直接通じる独特の生活習慣が育まれます。

　関東大震災で破壊されたのはまさに明治以降も残された純粋な江戸の世界でした。関東大震災の2年後に元々体の弱かった大正天皇が亡くなり、昭和天皇が即位します。1926年のことでした。

문화상으로도 서구풍의 생활 방식이 정착하기 시작해 일본풍과 서양식이 혼재하는, 현대의 일본과 직결되는 독특한 생활 습관이 형성됩니다.

간토 대지진으로 파괴된 것은 다름 아닌, 메이지 이후에도 남아 있던 순수한 에도 세계였습니다. 간토 대지진이 있은 지 2년 후에 원래 몸이 약했던 다이쇼 천황이 서거하고 쇼와 천황이 즉위합니다. 1926년의 일이었습니다.

터닝 포인트 24 満州事変

満州事変と当時の情勢は？

大日本帝国憲法には1つの欠陥がありました。それは、甚大なる武力を持つ陸海軍が天皇の指揮下に置かれ、内閣の管理のもとに置かれていなかったことです。また、日本の陸海軍は、陸軍が長州、海軍が薩摩といわれていたように、**藩閥**が幅をきかせ、それぞれ天皇に近い明治維新以来の元勲とつながり、内閣の運営に強い圧力をかけることもできたのです。

この問題が顕在化したのが、1930年の**ロンドン軍縮条約**の時でした。もともと、第一次世界大戦の後、お互いの軍拡競争が国家財政を圧迫させることへの懸念と、戦後の和平ムードの高まりの中で、アメリカの首都ワシン

ロンドン軍縮条約
1930年に開催された列強海軍の補助艦保有量の制限を主な目的とした国際会議。アメリカ、イギリス、日本、フランス、イタリアで会議がもたれた

만주사변

만주사변과 당시의 정세는?

대일본제국헌법에는 결함이 하나 있었습니다. 그것은 막대한 무력을 지닌 육해군이 천황의 직속하에 놓여 있어 내각의 관리 아래 들지 않는다는 점입니다. 또 일본의 육해군은 육군이 조슈, 해군이 사쓰마라고 불릴 만큼 **번의 파벌**이 위세등등하고 제각기 천황과 친분이 있는 메이지 유신 이래의 원훈이 득세해 내각의 운영에 강력한 압력을 행사할 수 있었던 것입니다.

이 문제가 드러난 것은 1930년 **런던군축조약** 때였습니다. 원래 제1차 세계대전 후에 상호 간 군비 확충을 위한 경쟁이 국가 재정을 압박하는 점에 대한 우려와 전후의 평화 분위기가 고조된 상황에서 미국의 수도 워싱턴 D.C.

런던군축조약
1930년에 개최된, 열강 해군의 보조함 보유량 제한을 주된 목적으로 한 국제회의. 미국, 영국, 일본, 프랑스, 이탈리아가 회의에 참가했다

ワシントン海軍軍縮条約
1921年11月11日から1922年2月6日までアメリカ合衆国のワシントンD.C.で開催された「ワシントン会議」のうち、海軍の軍縮問題について採択された条約。アメリカ、イギリス、日本、フランス、イタリアの戦艦・航空母艦(空母)等の保有の制限が取り決められた

統帥権干犯問題
ロンドン海軍軍縮条約の強硬反対派は、統帥権(統帥権は天皇大権とされていた)を拡大解釈し、浜口雄幸内閣が海軍軍令部の意に反して軍縮条約を締結したのは、統帥権の独立を犯したものだとして攻撃した

トンD.C.に日本を含む主要国が集まり1922年に海軍軍縮条約が締結されます。これで、アメリカ、イギリス、日本の戦艦など主力艦船の保有比率が、それぞれ5対5対3と規定されました。

しかし、その会議では**巡洋艦**などの**補助艦**が対象外であったために、1930年に改めてロンドン軍縮会議が開かれ、該当する艦船の保有比率がアメリカを10とした場合、日本は6.97割とすることが決定したのです。

この軍縮条約に日本が調印したことに、軍部が強く反発します。天皇の統帥権下にある軍隊の戦力の交渉を、内閣が軍の反対を無視して行ったというのが彼らの反発の理由でした。これを**統帥権干犯問題**といいます。

時の首相浜口雄幸は海外との**協調外交**を政府の方針としており、この圧力をなんとかはねのけ、条約を批准します。しかし、このことが右翼の反発を招き、浜口首相は、1930年11月に東京駅で狙撃され、翌年死亡してしまいます。

1931年、中国東北部の権益拡大に執着する陸軍は、現地の**関東軍**によって日本が運営する満州鉄道を爆破し、それを中国政府の行為として軍事行動を起こし、**奉天**を軍政下におきます。満州事変の勃発です。同時に、上海

에서 일본을 포함한 주요 국가가 모인 1922년에 해군군축 조약이 체결됩니다. 이로써 미국, 영국, 일본은 전함 등 주력함대의 보유 비율을 각각 5 대 5 대 3으로 규정했습니다.

그러나 그 회의에서는 **순양함** 등 **보조함**은 대상에서 제외했기 때문에 1930년에 다시 런던군축회의가 열려 해당 함대의 보유 비율을 미국이 10이라고 할 때 일본은 6.97 비율로 하기로 결정한 것입니다.

이 군축조약에 일본이 조인한 일로 군부가 강력하게 반발합니다. 천황의 통수권 아래 있는 군대의 전력 교섭을 군의 반대를 무시하고 내각이 조인했다는 것이 군부가 반발하는 이유였습니다. 이것을 **통수권 침범 문제**라고 합니다.

당시의 수상 하마구치 오사치는 해외와 **협조 외교**를 정부의 방침으로 삼고 있었으므로 이 압력을 제거하고 조약에 비준합니다. 그러나 이 일이 우익의 반발을 사고, 하마구치 수상은 1930년 11월에 도쿄 역에서 저격당해 이듬해 사망하고 맙니다.

1931년 중국 동북부의 권익 확대에 집착한 육군은 현지의 **관동군**^{만주에 상주한 일본군}으로 일본이 운영하는 만주철도를 폭파하고 그것을 중국 정부의 행위라고 하여 군사 행동을 일으키고 **펑톈**^{현재의 선양}을 군정하에 둡니다. 만주

워싱턴해군군축조약
1921년 11월 11일에서 1922년 2월 6일까지 미합중국의 워싱턴 D.C.에서 개최된 '워싱턴회의' 중 해군의 군축 문제에 관해 채택된 조약. 미국, 영국, 일본, 프랑스, 이탈리아의 전함·항공모함(공모) 등의 보유 제한이 체결되었다

통수권 침범 문제
런던해군군축조약의 강경 반대파는 통수권(통수권은 천황대권으로 되어 있었다)을 확대 해석해 하마구치 오사치 내각이 해군군사부의 뜻에 반해 군축조약을 체결한 것은 통수권의 독립을 침범하는 것이라고 하여 공격했다

그때 일본이 만들어졌다 251

でも同市の占領を試みますが、中国側の抵抗と居留地を持つ欧米の反発で撤退します。

浜口雄幸のあとをついだ若槻礼次郎内閣は、軍事行動の不拡大を求めましたが、関東軍はそれを無視し、結局は内閣も軍部の方針を追認する形となったのです。内閣が軍を管理できないことが、傷口を拡大したのでした。

その後、関東軍は清の最後の**皇帝溥儀**を擁立し、東北地方に、**満州国**という**傀儡政権**を打ち立てたのでした。

満州事変の影響は？

満州事変はアメリカやイギリスとの溝を深めます。いうまでもなく、満州国は日本の傀儡政権です。日本は満州国との間に**日満議定書**を締結し、国政には多くの日本の官吏があたり、軍隊の駐留はもちろん、主要な国内交通も日本の権益下に置かれました。

こうした日本の**侵略行為**が可能であった背景には、まず欧米がすでに植民地主義による極東の運営に、以前ほど熱心でなかったことがあげられます。**世界恐慌**の収拾という重要な課題の中で、欧米列強の目はむしろ国内に向けられていました。領土拡張よりも商業的なつながり

日満議定書
1932年、日本の満州国承認についての両者での取り決め。リットンの報告書が公表される前に日本が既成事実として先行させた

사변의 발발입니다. 동시에 상하이도 점령을 시도했지만 중국 측의 저항과 거류지를 두고 있던 구미의 반발로 철퇴합니다.

하마구치 오사치의 뒤를 이은 이는 와카쓰키 레이지로 내각은 군사 행동의 확대 중지를 요구했으나 관동군은 이를 무시하고 결국 내각도 군부의 방침을 추인하게 됩니다. 내각이 군을 관리할 수 없는 체제가 상처를 확대하게 된 것이었습니다.

그 후 관동군은 청나라의 마지막 **황제 푸이**를 옹립해 동북 지방에 **만주국**이라는 **괴뢰정권**을 수립했습니다.

만주사변의 영향은?

만주사변은 미국과 영국과의 **골**을 깊게 만들었습니다. 말할 것도 없이 만주국은 일본의 괴뢰정권입니다. 일본은 만주국과 **일만의정서**를 체결해 국정에서 많은 일본 관리가 임무를 맡고, 군대 주둔은 물론 주요한 국내 교통도 일본의 권리하에 두었습니다.

이런 일본의 **침략 행위**가 가능했던 배경에는 우선 구미가 이미 식민지주의에 따른 극동의 운영에 이전만큼 열을 올리지 않게 된 점을 들 수 있습니다. **세계공황**의 수습이

일만의정서
1932년 일본의 만주국 승인에 관한 양자의 결정. 리턴의 보고서가 공표되기 전에 일본이 기성사실화하여 미리 진행시켰다

の中で経済を拡大していく方が、コスト面でも外交面でも有利だったのです。同時に、中国も清国の崩壊のあと、国内は混乱状態で、日本と総力戦を行うほど国力も充実していませんでした。

そして、そこにもう1つの課題があります。それは、共産主義勢力であるソ連の存在です。イギリスやアメリカなど列強は、ソ連を牽制しながら日本にうまく矛を収めてもらわなければならず、かといって、日本が中国東北地方の権益を独占することは許されません。この思惑が、外交政策の**矛盾**となります。

結局、中国の国連への提訴を受け、欧米列強はイギリスのリットン卿を代表とする**調査団**を満州国に送ります。その報告書は、満州国が傀儡政権であることを記し、中国東北地方に**自治政府**を設け、日本を中心とした列強の管理下におくことを求める、日本にも妥協した政治色の強いものでした。

1933年2月に、**国際連盟**で、満州国の建国を無効とし、日本軍の撤兵を求める勧告が、日本をのぞく**全会一致**で決議されました。日本の国連代表であった松岡洋右は、これに抗議し退席、翌月に国連を脱退します。

国際連盟には軍事的な**制裁力**がなかったため、日本は

リットン卿
イギリスの第2代リットン伯爵ヴィクター・ブルワー＝リットン。1930年代初めにリットン調査団の団長として満州事変の調査を行った

라는 중요한 과제 가운데서 구미 열강의 눈은 오히려 국내로 향해 있었습니다. 영토 확장보다도 상업적인 관계 속에서 경제를 확대해나가는 쪽이 비용 면에서도 외교 면에서도 유리했던 것입니다. 동시에 중국도 청나라가 붕괴된 후 국내의 혼란 상태에서 일본과 총력전을 벌일 만큼 국력이 충분하지 않았습니다.

그리고 거기에 한 가지 과제가 더 있었습니다. 그것은 공산주의 세력인 소련의 존재입니다. 영국과 미국 등 열강은 소련을 견제하면서 일본에 유리하게끔 싸움을 그만두도록 만들어야 했지만, 그렇다고 해서 일본이 중국 동북 지방의 권익을 독점하도록 허락하지는 않았습니다. 이런 속셈이 외교 정책의 **모순**이었습니다.

결국 중국이 국제연맹에 제소하자 구미 열강은 영국의 리턴 경을 대표로 하는 **조사단**을 만주국에 보냅니다. 그 보고서는 만주국이 괴뢰정권임을 기록하고 중국 동북 지방에 **자치 정부**를 설치해서 일본을 중심으로 열강의 관리 하에 두기 위해, 일본과 타협한 정치색이 강한 것이었습니다.

1933년 2월에 **국제연맹**에서 만주국의 건국을 무효화하고 일본군의 철병을 요구하는 권고가 일본을 제외한 **전원 일치**로 결의되었습니다. 일본의 국제연맹 대표였던

리턴 경
영국 제2대 리턴 백작인 빅터 블워-리턴 (Victor Bulwer Lytton). 1930년대 초에 리턴 조사단 단장으로 만주사변을 조사했다

リットン調査団
国際連盟によって満州事変や満州国の調査を命ぜられたリットン卿を団長とする国際連盟日支紛争調査委員会より派遣された調査団

そのまま満州国の運営を**既成事実化**してゆきます。しかし、**リットン調査団**の妥協案を頑に拒んだ日本は、これをさかいに国際的に孤立してゆくのです。

このことで日本は、中国との国境にあるソ連との脅威に自力で対峙し、同時に中国の抵抗を武力で抑え込まなければならなくなります。そのため、満州国内の関東軍は、大幅に増強され、関東軍司令官は、満州国への全権大使となり、満州国のみならず、日本国内に向けても独立した強力な軍事マシーンとして成長するのです。

마쓰오카 요스케는 이에 항의해 퇴석한 그다음 달에 국제연맹을 탈퇴합니다.

국제연맹에는 군사적인 **제재력**이 없기 때문에 일본은 그대로 만주국의 운영을 **기성사실화**해나갑니다. 그러나 **리턴 조사단**의 타협안을 완강히 거부한 일본은 이를 계기로 국제적으로 고립되어갑니다.

이로써 일본은 중국과 국경에 있는 소련의 위협에 자력으로 대치하며 동시에 중국의 저항을 무력으로 누르지 않으면 안 되었습니다. 그 때문에 만주국 내의 관동군은 대폭 증강되었고 관동군 사령관은 만주국에 대한 전권대사로서 만주국뿐 아니라 일본 국내를 향해서도 독립된 강력한 군사적 병기로 성장하게 됩니다.

리턴 조사단
국제연맹에 의해 만주사변과 만주국의 조사를 임명받은 리턴 경을 단장으로 국제연맹 중일분쟁조사위원회에서 파견된 조사단

터닝 포인트 25

日中戦争と
パールハーバー

日中戦争のなりゆきは?

満州事変以来、中国の反日感情は、**抗日運動**として中国全域に拡大します。

日本は、中国へのさらなる進出を目論み、1937年7月に、北京郊外の**盧溝橋**(ろこうきょう)で中国軍と交戦します。軍部と政党との融和を期待され、公家出身の近衛文麿が内閣総理大臣に就任して1ヵ月足らずのことでした。

結局、近衛内閣は、軍部に押されて戦線を拡大し、北京、天津を攻略し、8月には上海から当時の**国民政府**の首都南京に軍を進めます。このとき、南京で一般市民を2ヵ月に亘り組織的に虐殺した**南京大虐殺**は、世界中の非難を浴びることになります。国民党政府は四川省の重慶に避

盧溝橋
中国北京市の南西、豊台区を流れる盧溝河(現在は永定河)に架かる石造りの橋

중일전쟁과 진주만

중일전쟁의 경위는?

만주사변 이래 중국의 반일 감정은 **항일운동**으로서 중국 전역에 확대됩니다.

일본은 중국에 한층 더 진출하고자 계획해 1937년 7월 베이징 교외의 **루거우차오**^{노구교}에서 중국군과 교전합니다. 군부와 정당과의 융화가 기대되었으며, 황족 출신의 고노에 후미마로가 내각 총리대신에 취임한 지 한 달도 채 되지 않았을 때의 일입니다.

결국 고노에 내각은 군부에 눌려 전선을 확대하고 베이징, 톈진을 공략해 8월에는 상하이에서 당시 **국민정부**의 수도인 난징에 군을 진격시킵니다. 이때 난징에서 일반 시민을 2개월에 걸쳐 조직적으로 학살한 **난징 대학살**은

루거우차오
중국 베이징 시의 남서쪽, 펑타이 구를 흐르는 루거우 강 (현재는 융딩 강)에 놓인 돌로 만든 다리

그때 일본이 만들어졌다 259

難し、日中戦争を継続します。

その頃、**満州事変**直前に日本軍に殺害された張作霖（ちょうさくりん）の息子、張学良が国民党政府の**蒋介石**（しょうかいせき）を西安に拘束し、当時延安に本拠地をおいていた中国共産党軍との和解を迫り、1937年に再び**国共合作**が成立します。日本は、蒋介石と対立する**汪兆銘**（おうちょうめい）を迎え、南京に傀儡政権を樹立して、中国への足場を造ろうとしますが、広大な中国全土を制圧することはできず、戦争は**泥沼化**します。

近衛内閣は、戦争遂行のために、**戦時教育**を強化し、挙国一致で天皇のために国難を克服するという宣伝を徹底し、**言論統制**も進めます。1938年には国民とその資産を政府が無条件で動員できる**国家総動員法**を可決し、1940年になると、全ての政党を大政翼賛会という組織にまとめ、政治的にも**全体主義**の基盤造りを行います。日本の**政党政治**はここに完全に終焉したのでした。

一方、1938年から39年に亘って、日本軍は張鼓峰事件（ちょうこほうじけん）、ノモンハン事件と、2度に亘ってソ連軍と紛争をおこし、2回とも敗北しています。これにより、対ソ戦略は見直され、1939年7月に日米通商条約の**破棄**をアメリカに通告され、日本への経済制裁が強化される中、対米開戦が軍部の中で叫ばれ始めます。

国共合作
中国国民党と中国共産党の間に結ばれた協力関係のこと。第一次は1924～1927年、第二次は1937～1946年

国家総動員法
総力戦遂行のため国家のすべての人的・物的資源を政府が統制運用できる（総動員）旨を規定した法。1938～1946

張鼓峰事件
1938年の7月29日から8月11日にかけて、満州国東南端の張鼓峰で発生したソ連との国境紛争

ノモンハン事件
1939年5月から同年9月にかけて、満州国とモンゴル人民共和国の間の国境線をめぐって発生した日ソ両軍の国境紛争

온 세계로부터 비난을 받게 됩니다. 국민당 정부는 쓰촨성의 충칭으로 피난해 중일전쟁을 계속합니다.

그 무렵은 **만주사변** 직전에 일본군에게 살해된 장쭤린의 아들 장쉐량이 국민당 정부의 **장제스**를 시안에 구속하고 당시 옌안에 본거지를 두고 있던 중국 공산당군과 화해할 것을 강요해 1937년에 다시 **국공합작**이 성립합니다. 일본은 장제스와 대립하는 왕자오밍을 영입해 난징에 괴뢰정권을 수립하고 중국으로의 발판을 마련하고자 했으나 광대한 중국 전 지역을 제압하기란 역부족이었으므로 전쟁은 **수렁**에 빠졌습니다.

고노에 내각은 전쟁을 수행하기 위해서 **전시 교육**을 강화하고 거국일치로 천황을 위해서 국난을 극복한다는 선전을 철저히 하며 **언론통제**도 추진합니다. 1938년에는 국민과 국민의 자산을 정부가 무조건 동원할 수 있는 **국가총동원법**을 가결시켜 1940년에 이르러서는 모든 정당을 대정익찬회 독일의 나치당에 해당하는 일본의 관제 정당라는 조직으로 통합해 정치적으로도 **전체주의**의 기반을 조성합니다. 일본의 **정당정치**는 여기서 완전히 종언을 고하게 됩니다.

한편 1938년에서 1939년에 걸쳐 일본군은 장고봉 사건, 노몬한 사건이라는 두 차례에 걸친 소련군과의 분쟁을 일으켰으나 모두 패하고 맙니다. 이에 따라 소련에 대

국공합작
중국 국민당과 중국 공산당 사이에 맺은 협력관계. 제1차는 1924~1927년, 제2차는 1937~1946년

국가총동원법
총력전 수행을 위해 국가의 모든 인적·물적 자원을 정부가 통제 운용할 수 있다(총동원)는 내용을 규정한 법. 1938~1946

장고봉 사건
1938년 7월 29일에서 8월 1일에 걸쳐 만주국 동남쪽 끝에 위치한 장구산에서 발생한 소련과의 국경분쟁

노몬한 사건
1939년 5월부터 같은 해 9월에 걸쳐서 만주국과 몽골인민공화국 사이의 국경선을 둘러싸고 발생한 일본군과 소련군의 국경분쟁

このように、満州事変以降、日本は全体主義のなかで、狂気ともいえる出口の見えない戦争に突入したのでした。

その頃ヨーロッパでは、ドイツとイタリアの勢力拡大が、イギリスやフランスの脅威となっていましたが、満州事変と同様、イギリスはこうした動きをソ連への牽制として、ドイツとは**宥和政策**をとっていました。

しかし、1939年にドイツがポーランドに侵攻したことから、ついにイギリス、フランスがドイツに宣戦を布告します。第二次世界大戦が勃発したのです。日本はドイツに接近し、1940年に**日独伊三国軍事同盟**を締結しました。

対米開戦への道のりは？

歴代の内閣の中には、対米政策を慎重に進めようとする動きがなかったわけでもありません。例えば、3回に亘って組閣された近衛文麿内閣の間に政権を担当した米内光政などは**親米路線**をとろうとします。

しかし、いずれの内閣も、結局軍部の暴走をとめることができなかった点では共通していました。軍部は

한 전략은 재검토에 들어갔고, 1939년 7월 미국이 미일통상조약의 **파기**를 통고하고 일본에 대한 경제제재가 강화되는 상황에서 군부는 미국에 대한 전쟁을 부르짖기 시작했습니다.

이처럼 만주사변 이후 일본은 전체주의 속에서 광기라고 할 만한, 출구가 보이지 않는 전쟁에 돌입한 것입니다.

그 무렵 유럽에서는 독일과 이탈리아가 세력을 확대해 영국과 프랑스를 위협했지만 만주사변 때와 마찬가지로 영국은 이런 움직임을 소련에 대한 견제책으로 삼고자 독일과 **유화 정책**을 취하고 있었습니다.

그러나 1939년에 독일이 폴란드를 침공하자 마침내 영국과 프랑스는 독일에 전쟁을 선포합니다. 이로써 제2차 세계대전이 발발합니다. 일본은 독일에 접근해 1940년에 **일본·독일·이탈리아 3국 군사동맹**을 체결했습니다.

대미 전쟁에 이르게 된 과정은?

역대 내각 중에서 대미 정책을 신중하게 해나가고자 하는 움직임이 없었던 것은 아닙니다. 예를 들면 세 차례에 걸쳐 내각을 조직했던 고노에 후미마로 내각에서 정권을 담당했던 요나이 미쓰마사 등은 **친미 노선**을 취하고자 합

軍部で海軍の一部に慎重論があったに過ぎず、大勢は日中戦争を楽観しながら、最終的には日米開戦もやむなしという、場当たり的な対応をしていたことが現実のようです。

日独伊三国軍事同盟の成立で、ファシズム3大国を**枢軸**とする日本の立場は鮮明になります。ドイツも日本の場合も、ソ連への抑止力という外交カードを使用し、イギリスなどとうまく掛け合ってゆくという戦略を持てず、そのまま自分の方から戦争に慎重だった欧米列強を戦争に引きずりこんでゆきました。

日本は、石油をはじめとした**戦略物資**を確保するために、ドイツがフランスに侵攻する状況をにらみながら、1940年に現在のベトナムにあたる**フランス領インドシナ**［仏印］に軍を進め、翌年には仏印全土への進駐を完了します。また、ドイツがソ連と**不可侵条約**を締結していることから、北方の安全のために**日ソ中立条約**を締結します。しかし、その3ヵ月後にドイツが条約を破りソ連に侵攻したことからみても、枢軸間での**足並みの乱れ**をみることができます。

アメリカは日本軍の仏印進出の報復として、アメリカ国内の日本資産の凍結を断行し、イギリス、中国、イン

フランス領インドシナ
1887年から1954年までフランスの支配下にあったインドシナ半島東部地域。現在のベトナム・ラオス・カンボジアを合わせた領域に相当する

니다.

그러나 어느 내각도 결국 군부의 폭주를 막지 못했다는 점에서는 마찬가지였습니다. 군부는 군부대로 해군 일부에서 신중론이 대두된 데 불과하고 대세는 중일전쟁을 낙관하면서 최종적으로는 미일전쟁도 불가피하다는 식의 즉흥적인 대응이 현 실정이었습니다.

일본·독일·이탈리아 3국 군사동맹의 성립으로 파시즘 3대국을 **주축**으로 한 일본의 입장은 선명해집니다. 독일도 일본도 소련에 대한 억제력을 외교 카드로 사용하면서, 영국 등과의 교섭 전략을 끌어내지 못한 채 일본 스스로가 전쟁에 신중했던 구미 열강을 끌어들이게 되었습니다.

일본은 석유를 비롯한 **전략물자**를 확보하기 위해 독일이 프랑스를 침공하는 상황을 주시하면서 1940년에 현재 베트남에 해당하는 **프랑스령 인도차이나**에 군대를 진격시켜 이듬해에는 인도차이나 전체에 진주를 완료합니다. 또 독일이 소련과 **불가침조약**을 맺고 있는 점을 고려해서 북방의 안전을 위해 **일소중립조약**을 체결합니다. 그러나 그로부터 3개월 후에 독일이 조약을 파기하고 소련을 침공한 것만 보아도 추축 세력 간의 **호흡이 맞지 않음**을 알 수 있습니다.

미국은 일본군이 인도차이나로 진출한 데 대해 보복하

프랑스령 인도차이나
1887년에서 1954년까지 프랑스의 지배 하에 있던 인도차이나반도의 동부 지역. 현재의 베트남·라오스·캄보디아를 합친 영역에 해당한다

ドネシアを領有するオランダによる**経済制裁包囲網**を造り上げます。ABCD包囲網です。

日本政府は、最終的な開戦を回避しようと、野村喜三郎を全権大使に任命し日米交渉を進めますが、日本軍の仏印進駐はアメリカ側をさらに硬化させ、交渉は進展しません。

1941年10月に陸軍の統制派の中心人物であった東条英機が内閣総理大臣に就任し、12月の対米開戦が天皇の出席する**御前会議**で決定されます。

アメリカ側も、国務長官ハルが、**ハル・ノート**と呼ばれる日本の仏印や中国からの撤退や、三国軍事同盟の破棄などの強硬な要求を日本に提示します。

1941年12月8日に、日本軍がハワイのオアフ島真珠湾のアメリカ軍基地を**奇襲**したことから、太平洋戦争がはじまったのです。条約によってドイツとイタリアもアメリカに**宣戦布告**し、戦火は世界に拡大したのでした。

ハル・ノート
太平洋戦争開戦直前の日米交渉において、1941年11月26日にアメリカ側から日本側に提示された交渉文書

コーデル・ハル
アメリカ合衆国の政治家。1933年から1944年まで国務長官を務めた。1871～1955

太平洋戦争の成り行きは？

太平洋戦争は、文字で記されている日本の歴史の中で、日本人にとって、最も悲惨で深刻な試練でした。

고자 미국 국내의 일본 자산을 동결하기로 하고 영국과 중국, 인도네시아를 영유한 네덜란드와 합세해 **경제제재 포위망**을 조성합니다. ABCD^{America(미국), Britain(영국), China(중국), Dutch(네덜란드)} 포위망입니다.

일본 정부는 최종적으로 전쟁을 회피하고자 노무라 기치사부로를 전권대사로 임명해 미일교섭을 추진하지만 일본군의 인도차이나 진주는 미국 측을 한층 더 강경하게 만들어 교섭은 진전되지 않았습니다.

1941년 10월에 육군 통제파^{일본 육군 파벌의 하나}의 중심인물이었던 도조 히데키가 내각 총리대신에 취임하고 12월에는 미국에 대한 전쟁이 천황이 출석한 **어전회의**에서 결정됩니다.

미국 측도 국무장관 헐이 **헐 노트**라고 부르는, 일본의 인도차이나와 중국에서의 철퇴, 3국 군사동맹 파기 등의 강경한 요구를 일본에 제시합니다.

1941년 12월 8일에 일본군이 하와이의 오아후 섬 진주만 미군 기지를 **기습**함으로써 태평양 전쟁이 시작됩니다. 조약에 따라 독일과 이탈리아도 미국에 **선전포고**를 하고 전쟁의 불길은 세계로 확대되었습니다.

헐 노트
태평양 전쟁 개시 직전의 미일교섭에서, 1941년 11월 26일에 미국 측이 일본 측에 제시한 교섭 문서

코델 헐
미합중국의 정치가. 1933년에서 1944년까지 국무장관을 역임했다. 1871~1955

開戦当初は、日本軍はシンガポールからインドネシア、そしてアメリカの拠点であったフィリピンを制圧しますが、1942年6月の**ミッドウェー海戦**での敗北以来、アメリカを中心とした**連合軍**の反撃にさらされ、南太平洋のガダルカナル諸島からはじまり、じわじわと日本軍は駆逐されていきました。

　日本は、中国と依然、戦争状態で100万人の兵力を割いています。また、ヨーロッパでもソ連のドイツに対する反撃が開始され、1943年にはイタリアも降伏し、ヨーロッパで枢軸側がイギリスを屈服させることで、戦争を有利に導こうとする日本の思惑は外れてしまいます。

　1944年の6月にサイパン島が陥落すると、同島から本土への**空襲**がはじまり、日本全国の主要都市が爆撃に晒されます。同時に、フィリピン、ビルマ方面も連合軍の反撃によって日本軍は甚大な損害を受けます。1945年4月、ドイツは降伏し、同じ月にアメリカ軍は沖縄に上陸、6月までに全島を制圧します。

　日本軍は兵士への厳しい**精神教育**で、多くの将兵が敵に降伏すること無く、玉砕を強いられ、**神風特攻隊や人間魚雷**のような自殺行為による攻撃まで展開します。一般市民も**徹底抗戦**という政府の指導のもと、工場などに

태평양 전쟁의 경과는?

태평양 전쟁은 문자로 기록된 일본의 역사 중에서도 일본인에게 가장 비참하고 심각한 시련이었습니다.

개전 초에 일본군은 싱가포르부터 인도네시아, 그리고 미국의 거점이었던 필리핀을 제압했으나 1942년 6월 **미드웨이 해전**에서 패한 이래 미국을 중심으로 한 **연합군**의 반격으로 남태평양 과달카날 제도를 시작으로 서서히 내몰리게 되었습니다.

일본은 중국과 여전히 전쟁 상태였으므로 100만 명의 병력을 양분했습니다. 또 유럽에서도 소련이 독일에 반격을 개시했고 1943년에는 이탈리아도 항복해, 유럽에서 추축 세력이 영국을 굴복시킴으로써 전쟁을 유리하게 이끌고자 했던 일본의 의도는 빗나가고 말았습니다.

1944년 6월에 사이판 섬이 함락되자 사이판으로부터 일본 본토에 대한 **공습**이 시작되었고 일본 전국의 주요 도시가 폭격에 노출됩니다. 동시에 필리핀, 버마현재의 미얀마 방면에서도 연합군의 반격으로 일본군은 막대한 손해를 입습니다. 1945년 4월 독일이 항복하고 같은 달에 미군은 오키나와에 상륙해 6월에는 섬 전체를 제압합니다.

일본군은 병사들에게 엄격한 **정신교육**을 실시해 **옥쇄**명예로운 죽음를 강요했고 많은 장병들이 적에게 항복하는 대

動員され、戦局が悪化し、日本の主要都市が焼土と化しても、**本土決戦**が叫ばれていました。

日本本土以外の、沖縄を含めた多くの地域では、**非戦闘員**も軍隊と共に死ぬことを強いられ、軍民共々、数えきれない犠牲者を出します。

こうした状況の中、連合国首脳は1943年に**カイロ宣言**を採択し、日本の海外植民地の返還を求め、降伏を勧告します。そして、ドイツ崩壊が目前に迫った1945年2月に、アメリカのルーズベルト大統領、イギリスのチャーチル首相、ソ連のスターリン首相がクリミア半島のヤルタで会談し、**千島と樺太のソ連への返還を条件**に、ドイツの降伏後、ソ連が日本に参戦する**密約**が結ばれました。

しかし、日本はあくまでも戦争を継続する意思を示しており、アメリカとしては、日本本土に上陸した場合の被害、さらに戦争が長引いた場合の、ソ連の日本への南進を深く懸念するようになります。アメリカの影響下での日本の**無条件降伏**がアメリカにとって、最も望ましい結論だったのです。

カイロ宣言
1943年11月、ルーズベルト、チャーチル、蔣介石がカイロで会談し発表した。後日、連合国の対日基本方針となった

신 **가미카제 특공대**와 **인간 어뢰** 같은 자살 공격까지 전개합니다. 일반 시민도 **철저항전**이라는 정부의 지도하에 공장에 동원되었고, 전쟁의 형국이 악화되어 일본의 주요 도시가 불탄다고 해도 **본토 결전**할 것을 부르짖었습니다.

일본 본토 이외에 오키나와를 포함한 많은 지역에서는 **비전투원**도 군대와 함께 죽음을 강요당해 군인이나 민간인 할 것 없이 셀 수 없을 만큼 희생자가 나옵니다.

이런 상황에서 연합국 수뇌들은 1943년에 **카이로선언**을 채택하고 일본의 해외 식민지 반환을 요구하며 항복을 권고합니다. 그리고 독일의 붕괴가 눈앞에 닥쳐온 1945년 2월에 미국의 루스벨트 대통령, 영국의 처칠 수상, 소련의 스탈린 수상이 크림 반도의 얄타에서 회담을 열어 **지시마**와 **가라후토**를 소련에 반환한다는 조건하에 독일 항복 후 소련이 대(對)일본전에 참전한다는 **밀약**을 맺었습니다.

그러나 일본은 끝까지 전쟁을 계속할 의사를 보였고, 미국은 일본 본토에 상륙했을 경우에 생길 피해와, 더욱이 전쟁이 장기화될 경우 소련이 일본으로 남진하는 것을 깊이 염려하게 되었습니다. 미국의 영향하에 일본의 **무조건 항복**이 미국으로서는 가장 바람직한 결론이었던 것입니다.

카이로선언
1943년 11월에 루스벨트, 처칠, 장제스가 카이로에서 회담해 발표했다. 후일 연합국의 대일 기본 방침이 되었다

26 日本の降伏

터닝 포인트

 1945年7月に、フランクリン・ルーズベルトが他界すると、次に就任したトルーマン大統領、イギリスのチャーチル首相、ソ連のスターリン首相がベルリン郊外のポツダムに集まり、対日戦争終結の条件を**ポツダム宣言**として発表します。そこには、日本からの軍国主義の除去と戦犯の処罰、日本の領土を本土4島と連合国が規定する**周辺の諸島**に縮小することが盛り込まれます。しかし、同時に日本を**奴隷化**せず、民主国家として再生させる条項も盛り込まれていました。これが、戦後の日本の統治の基本政策となったのです。

 日本は、サイパン島**陥落**の責任をとって、1943年に東条英機内閣が総辞職しますが、同じ陸軍の小磯国昭が首相

일본의 항복

1945년 7월에 프랭클린 루스벨트가 타계하자 다음으로 취임한 트루먼 대통령, 영국의 처칠 수상, 소련의 스탈린 수상이 베를린 교외의 포츠담에 모여 대일전쟁 종결의 조건을 담은 **포츠담선언**을 발표합니다. 거기에는 일본으로부터의 군국주의의 제거와 전범의 처벌, 일본 영토를 본토 4개 섬과 연합국이 규정하는 **주변 섬들**로 축소하는 내용이 담겨 있었습니다. 그러나 동시에 일본을 **노예화**하지 않고 민주국가로서 재생시키는 조항도 담겨 있었습니다. 이것이 전후 일본 통치의 기본 정책이 되었습니다.

일본은 사이판 섬 **함락**의 책임을 지고 1943년에 도조 히데키 내각이 총사직하지만 같은 육군의 고이소 구니아키가 수상이 되어 전쟁을 계속합니다. 그러나 오키나와

그때 일본이 만들어졌다 273

となり、戦争を継続します。しかし、沖縄戦の時期に海軍出身で、天皇にも近い鈴木貫太郎が首相となり、戦争終結へ向けた工作を、ソ連などを通して開始しますが、思うように進みません。

政府は、ポツダム宣言が発表されると、そこに天皇の地位の保証が盛り込まれていないことや、**本土決戦**を主張する陸軍の抵抗によって、宣言を黙殺します。

一方、アメリカは甚大な被害が予想される本土決戦を避け、戦後の**冷戦状態**に日本を傘下に置く戦略的価値を重視し、戦争を一刻も早く終結させようと、1945年8月6日に広島に、8月9日には長崎に原爆を投下します。これによって、非戦闘員33万人が死亡、街は灰燼に帰します。同時に、8月9日には日ソ中立条約の有効期限を残しながらソ連が日本に宣戦布告し、満州国に侵攻します。

日本政府は、アメリカに天皇の地位保全を再度申し込んだものの回答はなく、最終的に8月14日の御前会議で無条件降伏の受諾を決定します。国民には翌日の8月15日に天皇が直接ラジオを通してそれを通知します。この放送を**玉音放送**といい、国民が初めてきいた天皇の肉声でした。

太平洋戦争の集結で、世界中を巻き込んだ第二次世界大

전쟁 때 해군 출신으로 천황과 가까운 스즈키 간타로가 수상이 되어 소련 등을 통해 전쟁 종결을 향한 **공작**을 시작했으나 생각처럼 진행되지 않았습니다.

정부는 포츠담선언이 발표되자 거기에 천황의 지위 보증이 담기지 않은 점과 **본토 결전**을 주장하는 육군의 저항에 따라 선언을 묵살합니다.

한편 미국은 막대한 피해가 예상되는 본토 결전을 피하고 전후 **냉전 상태**에서 일본을 산하에 두는 것이 전략적으로 가치가 있다고 보고 전쟁을 한시라도 빨리 종결시키고자 1945년 8월 6일에는 히로시마에, 8월 9일에는 나가사키에 원폭을 투하합니다. 이에 따라 비전투원 33만 명이 사망하고 거리는 잿더미로 변합니다. 동시에 8월 9일에는 일소중립조약의 유효기한이 남아 있었지만 소련은 일본에 선전포고를 하고 만주국을 침공합니다.

일본 정부는 미국에 천황의 지위 보전을 재차 요구하지만 회답이 없었고 최종적으로 8월 14일에 어전회의에서 무조건 항복을 수락하기로 결정합니다. 국민에게는 다음 날인 8월 15일에 천황이 직접 라디오를 통해 결정 사항을 통지합니다. 이 방송을 **옥음 방송**이라고 하며, 국민이 처음으로 들은 천황의 육성이었습니다.

태평양 전쟁의 집결로 전 세계가 휘말린 제2차 세계대

戦は終わります。日本の犠牲者は310万人といわれますが、中国や東南アジアに日本が与えた損害も計り知れません。また、アメリカをはじめとした連合軍にも100万人近い戦死者がありました。

　降伏文書の調印は、1945年9月2日に東京湾に停泊した**アメリカの戦艦ミズーリ**の艦上で行われました。これによって、日本軍は武装解除され、明治以来の日本帝国の体制は連合国の指導の元で、大きく変換されてゆくのです。

전은 끝이 납니다. 일본 희생자는 310만 명으로 일컬어지나 중국과 동남아시아에 일본이 끼친 손해도 헤아릴 수 없습니다. 또한 미국을 비롯한 연합군도 100만 명에 가까운 전사자를 냈습니다.

항복 문서의 조인은 1945년 9월 2일에 도쿄 만에 정박한 미국 **전함 미주리호** 위에서 이루어졌습니다. 이에 따라 일본군은 무장해제되고 메이지 이래 일본 제국의 체제는 연합국의 지도하에 크게 바뀌게 됩니다.

27 占領下の日本

戦後の始まりとは？

　昭和という時代は、戦前と戦後とで大きく変化します。そして戦後は直接現在の日本に繋がる時代です。

　ドイツが冷戦の影響で東西に分割したことに比べると、日本は幸運でした。日本の統治はアメリカが中心で、日本と交戦した11ヵ国による**極東委員会**がアメリカにおかれました。日本にはアメリカ、イギリス、ソ連、中国の4ヵ国による**対日理事会**がおかれ、その下で占領政策が決定されますが、実際の占領業務は、**連合国軍最高司令官総司令部[GHQ]**があたり、最高責任者にはダグラス・マッカーサーが就任します。内政は、今まで通り日本の内閣が実施しますが、占領期間中はGHQが行政の

점령하의 일본

전쟁 후 초기는?

쇼와 시대는 전쟁 전과 전후로 나뉘어 크게 변화합니다. 그리고 전후는 직접 현재의 일본에 연결되는 시대입니다.

독일이 냉전의 영향으로 동서로 분할된 데 비하면 일본은 행운이었습니다. 일본 통치는 미국이 중심이고, 일본과 교전한 11개국으로 이루어진 **극동위원회**^{연합국 최고 정책 결정 기관}가 미국에 설치되었습니다. 일본에 미국·영국·소련·중국 4개국에 의한 **대일이사회**를 두고 그 아래에서 점령 정책을 결정하도록 했지만 실제로 점령 사무는 **연합국군 최고사령관 총사령부[GHQ]**가 담당하고 최고책임자에 더글러스 맥아더가 취임합니다. 내정은 지금까

ありかたを指導します。

　そこで行われた改革は、明治維新以来の大々的な改革でした。**思想犯**が釈放され、**言論思想集会の自由**が保証され、**民主化教育**が徹底されます。労働組合の活動も復活します。婦人の地位向上が保証され、**農地改革**により、**小作人制度**も撤廃されました。経済活動では、日本の中国進出の背景となった財閥が解体され、経済活動における富の集中を避けるために、**独占禁止法**が制定されます。

　明治維新は、**尊王攘夷思想**の志士によって実現され、彼らは以後の国家建設に直接関わりました。その中で産業が育成され、政治も経済も志士たちのつながりの中で発展し、やがて急激な変化の中にあった不消化と矛盾が顕現化したとき、日本は大陸へ進出し、自らを拡大することで矛盾を吸収しようとしました。

　この日本の80年に亘る政策自体が太平洋戦争という**自己破滅**へと国を導いたのは皮肉でした。欧米は、第一次世界大戦で、帝国主義政策を払拭し、新たな国際協調の枠組みの模索を始めました。その動きに同調せず、旧来の帝国主義の道を模倣したことに、19世紀に遅れて世界に出た日本の悲劇があったのです。

지와 마찬가지로 일본의 내각이 실시하나 점령 기간 중에는 GHQ가 행정 방향을 지도합니다.

이때 이루어진 개혁은 메이지 유신 이래의 대대적인 개혁이었습니다. **사상범**이 석방되고 **언론 · 사상 · 집회의 자유**가 보장되며 **민주화 교육**이 철저해졌습니다. 노동조합의 활동도 부활합니다. 여성의 지위 향상이 보장되고 **농지개혁**에 의해 **소작제도**도 철폐되었습니다. 경제활동에서는 일본이 중국에 진출하는 배경이 된 재벌이 해체되고 경제활동으로 인한 부의 집중을 피하기 위해서 **독점금지법**이 제정됩니다.

메이지 유신은 **존왕양이 사상**에 뜻이 있는 지사들에 의해 실현되었고 그들은 이후 국가 건설에 직접 관여했습니다. 그 가운데 산업이 육성되고 정치도 경제도 지사들의 유대 관계 속에서 발전했으며 마침내 급격한 변화에 따라 미숙함과 모순이 드러나자 일본은 대륙으로 진출해 스스로 팽창함으로써 모순을 흡수하려고 했습니다.

이러한 일본의 80년에 걸친 정책 자체가 태평양 전쟁이라는 **자기 파멸**로 국가를 이끌었다는 사실은 아이러니했습니다. 구미는 제1차 세계대전으로 제국주의 정책을 불식하고 새로운 국제 협조의 틀을 모색하기 시작했습니다. 그 움직임에 동조하지 않고 종래의 제국주의의 길을

そして、ちょうどペリーが来航して日本が変わったように、日本は再び占領という過去にない経験の中で無理にハンドルを切らざるを得なくなったのです。

　GHQは、1946年から日本の警察を通して戦争犯罪人を裁判にかけ、処罰します。戦争を指導した**A級戦犯**は、**極東軍事裁判**にかけられ、東条英機をはじめ7名が死刑に、他の18名が終身刑や禁固刑に処せられました。また、各戦場で**残虐行為**を行ったとして、裁判が公正であったかどうか議論されながらも、日本内外の裁判で5416名が裁かれ、937名が処刑されました。

日本国憲法の制定とその後の動きは？

　日本の占領政策はいくつかの矛盾をはらんでいました。

　それは、アメリカの政治的意向と、占領政策の当初の目的とのずれを意味します。最初の矛盾は、戦争犯罪人の処罰にあります。

　当初、連合国は、天皇の戦争犯罪を**訴追**し、**財閥**の大物にもその責任を負わせようと考えました。しかし、急激な民主化で、日本に共産主義が**台頭**することを警戒すると同時に、日本を、アメリカよりの安定した国家に再

모방하고자 19세기에 뒤늦게 세계에 나온 것이 일본의 비극이었습니다.

그리고 마침 페리의 내항으로 일본이 변화한 것처럼, 일본은 다시 점령이라는 과거에 없었던 경험 속에서 무리하게 핸들을 꺾지 않을 수 없게 된 것입니다.

GHQ는 1946년에 일본의 경찰을 통해서 전쟁범을 재판에 회부해 처벌합니다. 전쟁을 지도한 **A급 전범**은 **극동 군사재판**에 회부되어 도조 히데키를 비롯한 7명이 사형에, 그 밖에 18명이 종신형과 금고형에 처해졌습니다. 또한 각 전쟁터에서 **잔학 행위**를 행한 자에 대해서는 재판의 공정 여부에 이견이 있으나, 일본 내외의 재판에서 5,416명이 심판받고 937명이 처형되었습니다.

일본국 헌법 제정과 그 후의 움직임은?

일본의 점령 정책은 몇 가지 모순을 안고 있었습니다.

그것은 미국의 정치적 의향과 점령 정책의 당초 목적과의 차이를 의미합니다. 최초의 모순은 전쟁범의 처벌에 있었습니다.

당초 연합국은 천황의 전쟁범죄를 **소추**하고 **재벌** 거물에게도 그 책임을 물을 생각이었습니다. 그러나 급격한

生させるために、天皇を利用しようとGHQは考え、天皇の政治責任の追求を中止しました。

その結果、1946年に天皇が**人間宣言**を行った上で、天皇の地位を温存します。

また、極東軍事裁判では、**戦勝国が敗戦国**を一方的に裁くことや、戦勝国による残虐行為が取り上げられないことなどが指摘され、例えばインドから裁判に派遣された**パール判事**などにより、欧米によるアジアへの差別と侵略行為についての指摘もなされましたが、結局日本側のみが裁かれます。

アメリカは、日本の民主化を急ぐために、GHQを通し新憲法の制定を指示します。日本側とのやりとりのあと、GHQの指導で、**戦争放棄**、**国民主権**、**基本的人権**を柱とした憲法案を作成し、天皇は**国家統合の象徴**として位置づけられました。

新憲法は、大日本帝国憲法を改正する形で**日本国憲法**として、1946年11月3日に公布され、翌年5月3日より**施行**されました。そして、憲法との整合性を持たせるために、**刑法**、**民法**をはじめとする法律も改正されます。その後現在まで、日本国憲法は世界でも最も平和的かつ民主的な憲法として一文も改正されることなく継承され

パール判事(ラダビノード・パール) インドの法学者、裁判官。極東軍事裁判において判事を務め、11人の判事の中で唯一被告人全員の無罪を主張した。1886〜1967

민주화로 인해 일본에 공산주의가 **대두**하는 것을 경계해야 했고 동시에 일본을 친(親)미국의 안정된 국가로 재생시키기 위해 천황을 이용해야 한다는 GHQ의 의견을 고려해 천황의 정치 책임에 대한 추궁을 중지했습니다.

그 결과 1946년 천황이 **인간선언**^{일본 왕의 신격화를 부정하는 것}을 한 위에 천황의 지위를 온존합니다.

또한 극동군사재판에서는 **전승국**이 **패전국**을 일방적으로 처벌하는 일과 전승국에 의한 잔학 행위가 사라지지 않는다는 지적이 있었습니다. 예를 들면 인도로부터 재판에 파견된 **팔 판사** 등은 구미에 의한 아시아 차별과 침략 행위에 대해 지적했으나 결국은 일본 측만 처벌됩니다.

미국은 일본의 민주화를 서두르기 위해 GHQ를 통해 새로운 헌법의 제정을 지시합니다. 일본 측과 협상한 결과 GHQ의 지도에 따라 **전쟁 포기**, **국민주권**, **기본적 인권**을 주축으로 한 헌법안을 작성하고 천황에게는 **국가 통합의 상징**이라는 위치를 부여했습니다.

신헌법은 대일본제국헌법을 개정하는 형태로, **일본국헌법**으로 1946년 11월 3일에 공포되어 이듬해 5월 3일부터 **시행**되었습니다. 그리고 헌법과의 정합성을 고려해 **형법·민법**을 비롯한 법률도 개정됩니다. 그 후 현재까지 일본국헌법은 세계에서 가장 평화적이고 민주적인 헌법으

팔 판사[라다비노드 팔 (Ra dhabinod Pal)] 인도의 법학자·재판관. 극동군사재판에서 판사를 맡아 11명의 판사 중 유일하게 피고인 전원의 무죄를 주장했다. 1886~1967

ています。

　これより前、すでに戦前に解体されていた政党が復活し、非合法とされていた社会党や共産党も改めて組織されます。1945年12月に**選挙法**が改正され、20歳以上の全ての男女に選挙権が与えられ、25歳以上の男女に**被選挙権**[参議院、都道府県知事は30歳以上]が認められています。

　こうして、日本はほんの2年の間に、全体主義国家から民主主義国家に脱皮します。しかし、皮肉なことに、この急激な変化のその後の成り行きを一番警戒したのはアメリカでした。その原因は、冷戦の進行にほかなりません。やがて、日本をアメリカの軍事経済戦略の傘にいれておくことに、GHQの占領政策の優先順位が置かれるようになってゆくのです。

講和条約に至る道のりは？

　戦争直後の日本は壊滅的な打撃を受けていました。経済は破綻し、大都会は破壊され、**インフラ**も壊滅したままで、生活できない人々はバラックに住み、**闇市**で食料を調達していました。町には浮浪者や孤児が溢れ、粗悪な食品や衣料品で日々をしのぐのがやっとでした。

로서 한 글자도 개정되지 않은 채 계승되고 있습니다.

이보다 앞서 전쟁 전에 해체되었던 정당이 부활되고 비합법적이었던 사회당과 공산당도 다시 조직됩니다. 1945년 12월에 **선거법**이 개정되어 20세 이상의 모든 남녀에게 선거권이 부여되고 25세 이상 남녀에게는 **피선거권**^{참의원,} ^{도도부현지사는 30세 이상}이 인정됩니다.

이렇게 일본은 불과 2년 사이에 전체주의국가에서 민주주의국가로 탈피합니다. 그러나 아이러니하게도 이 급격한 변화 이후의 동향을 가장 경계한 것이 미국이었습니다. 그 원인은 바로 냉전의 진행 때문입니다. 마침내 일본을 미국의 군사경제 전략 산하에 두는 것으로 GHQ의 점령 정책의 우선순위를 두게 됩니다.

강화조약에 이르는 과정은?

전쟁 직후의 일본은 괴멸적인 타격을 받은 상태였습니다. 경제는 파탄 지경이고 대도시는 파괴되어 **기반 시설**도 파멸된 채 생활 기반을 잃은 사람들이 바라크^{판잣집}에 거주하며 **암시장**에서 식료품을 조달하고 있었습니다. 거리에는 부랑자와 고아가 넘쳐나고 조악한 음식과 의복으로 매일을 견뎌내는 것이 고작이었습니다.

こうした状況が少しずつ改善されていったのは、1950年頃からです。1949年、**台湾**を除く中国は、清朝滅亡以来37年ぶりに**中国共産党**によって統一されます。**国民党**は台湾に逃れ、アメリカと連携して政権を維持します。

　朝鮮半島では、日本からの独立後、共産主義勢力が北部を**朝鮮民主主義人民共和国**として、自由主義勢力が南半分を**大韓民国**として統治します。しかし、1950年6月に両者が衝突し、**朝鮮戦争**となり、一時共産主義勢力が釜山に迫ります。これにアメリカが国連を動かして武力介入し、一時中国との国境に共産勢力を追いつめます。しかし中国が参戦し、激戦の末、両者は**38度線**で睨み合います。

　朝鮮戦争の勃発で、日本はアメリカの**後方基地**として機能します。**軍需物資**の供給によって日本の産業が活性化し、戦争からの復興に拍車がかかりました。

　アメリカは極東の安定のため、時の吉田茂内閣に再軍備を求め、日本は、憲法上の矛盾を押して**警察予備隊**を1950年に組織、1954年に**自衛隊**に昇格させます。

　また、アメリカが占領政策を転換する中で、戦後**公職追放**を受けていた戦前の有力者が社会に戻り、解体された財閥も戦後の経済混乱を収拾する中で再び台頭をはじめます。

이런 상황이 조금씩 개선된 것은 1950년 무렵부터입니다. 1949년 **타이완**을 제외한 중국은 청나라 멸망 이래로 37년 만에 **중국 공산당**에 의해 통일됩니다. **국민당**은 타이완으로 도피해서 미국과 연계해 정권을 유지합니다.

한반도에서는 일본으로부터 독립한 후 공산주의 세력이 북부에 **조선민주주의인민공화국**을 세우고 자유주의 세력이 남반부를 **대한민국**으로 통치합니다. 그러나 1950년 6월에 이들 양자가 충돌해 **한국전쟁으로 점화되어** 순식간에 공산주의 세력이 부산까지 밀려 내려옵니다. 이에 미국이 국제연합을 움직여 무력으로 개입하고 일시에 중국과의 국경까지 공산 세력을 내몹니다. 그러나 중국이 참전하고 격전 끝에 양자는 **38도선**에서 서로 대치합니다.

한국전쟁의 발발로 일본은 미국의 **후방 기지** 기능을 합니다. **군수물자**를 공급함으로써 일본 산업이 활성화되고 전쟁으로부터의 부흥에 박차를 가했습니다.

미국은 극동의 안정을 위해 당시 요시다 시게루 내각에 재군비를 요청해, 일본은 헌법상의 모순에도 1950년에 **경찰예비대**를 조직해 1954년에 **자위대**로 승격시킵니다.

또한 미국이 점령 정책을 전환하는 가운데 전쟁 후에 **공직**에서 **추방**되었던 전쟁 전 유력자가 사회에 복귀해 해체된 재벌도 전후 경제 혼란을 수습하는 데 다시 대두하게

こうした環境整備を行った上で、アメリカは日本との講和を急ぎ、吉田内閣と交渉を進め、1951年にサンフランシスコでアメリカをはじめとする48ヵ国との**講和条約**を締結します。このアメリカの動きに反発し、ソ連など社会主義国は講和を拒否、日本は完全に**自由主義陣営**に組み込まれたのでした。

　講和条約の締結と同時に、日本は**日米安全保障条約**を締結し、アメリカ軍の日本への駐留による安全確保に合意します。日米安保体制という同盟関係は、その後の日本の軍事外交方針の基本となります。

　これで日本の占領は終了し、**独立国家**として再生されたことになったのです。

コラム：パール判事の信念

極東軍事裁判で、A級戦犯の無罪を主張し、勝者が敗者を裁くことの問題点を厳しく指摘した判事がインドから送られてきたパール判事でした。彼の記した膨大な判決文は日の目を見ることはなく、極東軍事裁判でも取り上げられませんでした。その後、同判事は軍の命令に従った行為まで裁かれたB級、C級戦犯の救済にも尽力しました。彼の提起した課題は、今でも国際紛争をいかに裁くかという国際法のテーマを考える上で貴重なものなのです。

되었습니다.

이렇게 환경 정비가 이루어진 상황에서 미국은 일본과의 관계 개선을 서둘러 요시다 내각과 교섭을 진행해 1951년에 샌프란시스코에서 미국을 비롯한 48개국과 **강화조약**을 체결합니다. 이런 미국의 움직임에 반발해 소련 등 사회주의국가들은 강화를 거부함으로써 일본은 완전히 **자유주의 진영**으로 편입됩니다.

강화조약의 체결과 동시에 일본은 **미일안전보장조약**을 체결하고 미군이 일본에 주둔하는 데 필요한 안전 확보에 합의합니다. 미일안보체제라는 동맹 관계는 그 후 일본의 군사 외교 방침의 기본이 됩니다.

이것으로 일본 점령은 종료되고 **독립국가**로서 재탄생이 이루어집니다.

칼럼: 팔 판사의 신념

극동군사재판에서 A급 전범의 무죄를 주장하고 승자가 패자를 처벌하는 문제점을 신랄하게 지적한 판사가 인도에서 파견된 팔 판사였습니다. 그가 기록한 방대한 분량의 판결문은 세상에서 빛을 보지 못했고 극동군사재판에서도 다루어지지 않았습니다. 그 후 팔 판사는 군의 명령에 따른 행위로 처벌받은 B·C급 전범 구제에도 전력을 다했습니다. 그가 제기한 과제는 지금까지도 국제분쟁을 어떻게 처벌할 것인가 하는 국제법의 테마를 다루는 데 귀중한 자료입니다.

터닝 포인트 28 60年安保と高度成長

安保と60年代とは?

戦後、日本は軍国主義から180度舵を切った国家に変貌しました。

しかし、日本の占領政策の担い手だったアメリカに日本が、中国やソ連に対する**反共の砦**として捉えられるようになると、その状況が微妙に変化します。

日米安全保障条約で、日本はアメリカの軍事力の傘の中に入ります。そして、過去に日本の財界政界を指導した多くの人物が、公職追放を解除され戻ってきます。旧満州で軍部や様々な有力者と深い関わりをもち、戦争中は政府の中枢で活動していた岸信介もその一人です。

1955年に**社会党**の右派と左派が統一されると、それを

1960년 안보와 고도성장

안보와 1960년대는?

전후 일본은 군국주의국가에서 180도 바뀐 국가로 변모했습니다.

그러나 일본의 점령 정책을 담당했던 미국에게 일본은 중국과 소련에 대한 **반공 요새**로 인식되면서 그 상황이 미묘하게 변화합니다.

미일안전보장조약으로 일본은 미국의 군사력 산하에 들어갑니다. 그리고 과거에 일본의 재계·정계를 지도했던 많은 인물이 공직 추방의 제재에서 해제되어 돌아옵니다. 과거 만주에서 군부 및 여러 유력자와 깊은 관계를 맺으며 전쟁 중에 정부의 중추로 활동했던 기시 노부스케도 그중 한 사람입니다.

脅威とした有力保守党も長年の確執を解消して**自由民主党**としてまとまります。岸信介が、そんな自由民主党の総裁となり、内閣総理大臣に就任したのは1957年のことでした。

　1960年に日米安保条約を**改訂・更新**する際に、アメリカ軍兵士への重要事件を除く裁判権を放棄した密約の存在などが報道され、全国的な反対運動がおき、国会も群衆に囲まれました。岸内閣が、右翼などの組織を利用してそれを弾圧しようと試みたこともデモ隊を刺激した原因でした。警察との衝突の際に、東大生の樺美智子さんが死亡したことで、状況が緊迫し、日米安保条約が自動更新されたあと、岸内閣は混乱の責任をとって**総辞職**しました。

　60年安保事件は、アメリカの傘の中で、共産主義への**防波堤**になるという国の方針と、悲惨な戦争経験を元に、護憲を求める人々との衝突でした。政府としては、軍拡をアメリカに任せ、戦前のように軍事に国家予算を極端に使用せず、国の再生にあてようというしたたかな考えもあったのかもしれません。

　戦前の影を引きずる岸内閣の評価はまちまちです。しかし、日本が戦争を完全に清算できずに戦後もそれを引

1955년에 **사회당**의 우파와 좌파가 통일되자 이를 위협으로 느낀 유력 보수당도 오랫동안의 갈등을 해소하고 **자유민주당**으로 통합됩니다. 기시 노부스케가 자유민주당의 총재로서 내각 총리대신에 취임한 것은 1957년의 일이었습니다.

1960년에 미일안보조약을 **개정·갱신**할 즈음에 미군 병사에 대한 중요 사건을 제외하고 재판권을 포기하는 밀약의 존재 등이 보도되어 전국적인 반대 운동이 일어나고 국회도 군중에 둘러싸였습니다. 기시 내각이 우익 등의 조직을 이용해 반대 운동을 탄압하고자 시도한 것도 시위대를 자극한 원인이었습니다. 경찰과의 충돌 때 도쿄대학 학생인 간바 미치코 씨가 사망한 사건으로 상황이 급박해져 미일안보조약이 자동 갱신된 후에 기시 내각은 혼란의 책임을 지고 **총사퇴**했습니다.

1960년 안보 사건은 미국의 보호하에 공산주의에 대한 **방파제** 역할을 하는 국가 방침과 비참한 전쟁 경험을 토대로 호헌헌법을 옹호을 요구하는 사람들의 충돌이었습니다. 정부로서는 군사 확충을 미국에 유임하고, 전쟁 이전처럼 군사에 국가 예산을 극도로 쓰지 않고 국가 재건에 쓰려는 야심찬 생각도 있었을지 모릅니다.

전쟁 이전의 그림자를 거둬내지 못하는 기시 내각에 대

きずってきたことは事実です。岸信介の人脈は、以後、自由民主党の有力者へと繋がってゆきます。

戦前の影といえば、岸内閣の総辞職間もない1960年10月には、社会党の党首浅沼稲次郎が演説の最中に右翼の少年に刺殺される事件が起こったりもしました。

岸内閣の後を継いだ池田勇人は、**所得倍増計画**を打ち出し、日本は戦後の混乱期から、朝鮮戦争の**特需景気**を踏み台に、本格的な高度成長期にはいります。所得が向上することで、国民の不満を癒し、民主主義国家として再生させようというのが政府の方針でした。

実際、日本は世界が注目する奇跡的な経済成長を遂げるのでした。

高度成長とは？

日本は1955年に戦前の水準に戻っていました。また、旧財閥系の大企業グループも復活し、政府の政策と密に連携をとりながら経済の拡大を進めてゆきます。

日本には、安価な労働力があり、国が経済を管理、統率する中で、公共事業などのインフラ整備と重工業が育成され、その影響で**下請け**の中小企業も活気づきます。

한 평가는 갖가지였습니다. 그러나 일본이 전쟁을 완전히 청산하지 못하고 전후에도 전쟁의 잔영을 계속 끌고 간 것은 사실입니다. 기시 노부스케의 인맥은 이후 자유민주당의 유력자로 이어집니다.

전쟁 이전의 영향력으로 말하면, 기시 내각이 총사퇴하고 얼마 되지 않은 1960년 10월에는 사회당의 당 수뇌 아사누마 이네지로가 연설 도중에 우익 소년에게 사살되는 사건이 일어나기도 했습니다.

기시 내각의 뒤를 이은 이케다 하야토는 **소득 배증 계획**을 부각시키고, 일본은 전후의 혼란기에서 한국전쟁이라는 **특수 경기**를 발판으로 본격적인 고도성장기에 들어갑니다. 소득을 향상시켜 국민의 불만을 치유하고 민주주의국가로서 재건하는 것이 정부의 방침이었습니다.

실제로 일본은 세계가 주목할 만한 기적적인 경제성장을 이루어냅니다.

고도성장이란?

일본은 1955년에 전쟁 이전의 수준으로 회복되었습니다. 또한 이전의 재벌계 대기업 그룹도 부활하고, 정부의 정책과 긴밀한 관계를 유지하면서 경제 확대를 추진해갑

新幹線(신칸센)

1964年に開催された東京オリンピック、同時に東京と新大阪間に開通した**新幹線**など、官民一体の公共事業の事例にはことかかず、国民もそうした平和的国威発揚を享受します。

一方、輸出部門では、安価な労働力に加えて、1ドル360円という固定相場の継続が、経済成長に沿って相対的な円安をうみ、日本は**輸出大国**に成長します。

多くの日本人は、経済成長が進む中でも決して豊かではありませんでした。従って、当時標榜された冷蔵庫とテレビ、そして電気洗濯機という「三種の神器」を家庭に持つ事ことを夢に、勤労意欲と貯蓄意欲を持ち、そこで貯蓄された資金は、大銀行からさらに大企業への投資に流れます。こうしてみると、高度成長が、国家をあげての官民一体による戦略であったことがよくわかります。

外交面では、1965年に**日韓基本条約**によって、韓国と

日韓基本条約では、1910年の日韓併合以前の条約を無効とした。経済協力や関係正常化などの取り決めをし、さらに朝鮮にある唯一の合法政府として韓国を認め、国交を正常化した

니다.

일본에서는 값싼 노동력을 발판으로 국가가 경제를 관리하고 통솔하는 가운데 공공사업 등의 기반 시설 정비와 중공업이 육성되어 그 영향으로 **하도급**의 중소기업도 활기를 띱니다. 1964년에 개최된 도쿄 올림픽, 동시에 도쿄와 신오사카 사이에 개통된 **신칸센**^{고속 전철} 등 관민이 일체된 공공사업 사례는 끊임없이 계속되었고 국민도 그러한 평화적 국위 선양을 향수합니다.

한편 수출 부분에서는 값싼 노동력에 더해 1달러 360엔이라는 고정 환율이 지속되어 경제성장에 따라 상대적인 엔화 약세가 형성되어 일본은 **수출대국**으로 성장합니다.

많은 일본인은 경제성장이 진행되는 가운데서도 결코 윤택하지 않았습니다. 따라서 당시 널리 알려졌던 냉장고, 텔레비전, 전기세탁기의 '**세 가지 보물**'을 가정에 들여놓는 것이 꿈이었고, 근로·저축 의욕이 있었으며 그렇게 저축된 자금은 대형 은행에서 재차 대기업 투자로 유입되었습니다. 이렇게 보면 고도성장은 국가 전체의 관민 일체 전략에 있었음을 잘 알 수 있습니다.

외교 면에서는 1965년에 **한일기본조약**의 의해 한국과 국교가 회복되고 시정권이 미국에 귀속되어 있던 **오가사와라 제도**가 1968년에, 오키나와가 1972년에 일본에 반

> 한일기본조약에서는 1910년의 한일병합 이전 조약을 무효화했다. 경제협력과 관계 정상화 등의 결정을 내리고 나아가 한반도에 있는 유일한 합법 정부로서 한국을 인정하고 국교를 정상화했다

그때 일본이 만들어졌다

の国交が回復し、施政権がアメリカに帰属していた**小笠原諸島**が1968年に、沖縄が1972年に日本に返還されました。池田内閣の後を受けた佐藤栄作政権は、文字通り高度経済成長を牽引した内閣でしたが、沖縄の返還にあたって、アメリカ軍が核を日本国内の基地に持ち込んでいるのではないかという疑惑に晒されることになり、その真相の詳細は未だに不明のままです。

　高度経済成長は、国民に自信を取り戻し、日本が世界第二のGDPを誇る経済大国になったと政府は宣伝します。

　一方で都市での劣悪な住宅事情、農村の**過疎化**、過剰労働と職場での男女平等の不備、急激な工業化による公害、環境汚染問題など、様々な社会問題も出てきます。

コラム：日本型の経済体制

新幹線(文字通りに訳せば「弾丸列車」)の開業は、高度成長の象徴といっても過言ではありません。日本は、官と民が一体となり、民は大企業を頂点としたピラミッド型構造をもって日本経済を発展させ、世界を驚愕させました。この経済成長の構造が時代とともにうまく機能しなくなり、今では批判の対象となっているわけです。バブルの時期、世界が日本の経済構造を学ぼうとし、経済界のピラミッド構造を示す「系列」などは「Keiretsu」として世界の経済用語となりました。しかし、その後の経済の失速による日本離れと、中国などの新興国の台頭の中、こうした日本型経済体制がむしろ古くさく見えてきていることは皮肉なものといえましょう。

환되었습니다. 이케다 내각의 뒤를 이어받은 사토 에이사쿠 정권은 그야말로 고도 경제성장을 견인하는 내각이었으나 오키나와 반환 때 미군이 핵을 일본 국내 기지에 들여온 것이 아닌가 하는 의혹에 휘말리게 되었고 그 진상의 상세한 결말은 불분명한 상태입니다.

고도 경제성장은 국민에게 자신감을 되찾아주었고 일본이 세계 제2의 GDP를 자랑하는 경제대국이 되었음을 정부는 선전합니다.

한편 도시에서의 열악한 주택 사정, 농촌의 **과소화**, 과잉 노동과 직장 내 남녀평등의 미흡, 급격한 공업화에 의한 공해, 환경오염 문제 등 여러 사회 문제도 나타납니다. 구마모토 현의 미나마타에서는 수은이 유출되어 가난한 어민들이 건강상에 심각한 피해를 입었고 이 **미나마타병**

칼럼: 일본형의 경제 체제

신칸센의 운행은 고도성장의 상징이라고 해도 과언이 아닙니다. 일본은 관민이 하나가 되어 대기업을 정점으로 한 피라미드형 구조로 경제를 발전시켜 세계를 경악하게 했습니다. 이 경제성장의 구조가 시대 변화와 더불어 기능하지 못해 지금은 비판의 대상이 되고 있습니다. 버블 시기에는 세계가 일본의 경제 구조를 배우고자 했고, 경제계의 피라미드 구조를 가리키는 '계열'은 'Keiretsu'로서 세계의 경제 용어가 되었습니다. 그러나 그 후 경제가 급속히 추락해 일본 이탈 현상과 중국이나 신흥국의 대두 속에서 이런 일본형 경제 체제가 오히려 낡은 것으로 비치게 된 것은 아이러니한 일이라 하겠습니다.

熊本県の水俣での水銀流出による貧しい漁民の深刻な健康被害は、**水俣病**として全世界を震撼させました。また、都市部では煤煙による**光化学スモッグ**や喘息の問題などが起こります。

　成長と矛盾、その2つがその後のバブル経済へと引き継がれてゆきます。

이 전 세계를 뒤흔들었습니다. 또한 도시에서는 매연에 의한 **광화학 스모그**와 천식 문제 등이 생겨납니다.

성장과 모순 그 두 가지가 그 후 버블 경제로 이어집니다.

29 本当に平成なのか

平成とは？

昭和天皇は、1989年1月に他界し、昭和という時代が終わります。そして同じ年の11月に、**ベルリンの壁**が崩壊し、冷戦が終了します。

東西冷戦の終了は、国家が所属するグループの崩壊を意味します。世界は新たな民族主義の時代に入り、各地で戦争が起こり、民族運動が活発になりました。また、中東では**パレスチナ問題**の混沌とともに、イスラム圏での反米活動が活発になり、それが世界の**不安定要因**となっています。

アジアでは、19世紀から20世紀にかけて、欧米や日本に蹂躙されていた中国が混乱から立ち直り、その風船が

헤이세이 시대는 정말로 평화로운 시대인가?

헤이세이란?

쇼와 천황이 1989년 1월에 타계함으로써 쇼와 시대는 끝이 납니다. 그리고 같은 해 11월에 **베를린 장벽**이 무너지고 냉전이 종료됩니다.

동서 냉전의 종료는 국가가 소속된 그룹의 붕괴를 의미합니다. 세계는 새로운 민족주의의 시대에 돌입하고 각지에서 전쟁이 일어나며 민족운동이 활발해졌습니다. 또한 중동에서는 **팔레스타인 문제**의 혼돈과 더불어 이슬람권에서의 반미 활동이 활발해지면서 세계의 **불안정 요인**이 되고 있습니다.

아시아에서는 19세기에서 20세기에 걸쳐 구미와 일본에 유린당한 중국이 혼란에서 다시 일어나 그 풍선이 재차

再び膨張し、清以来の超大国になろうとしています。そして、韓国も民主化が進み、極東の経済大国の一員となってきました。

このように世界が多様で混沌としてきた中、人々のネットワークは以前とは比較できないほど活発になりました。新たな産業革命ともいえるITの発展です。

日本は、90年代に起きたこれらの変化を見つめながら、IT産業を牽引できないままに、バブルの崩壊による経済危機から立ち直れず、もがいていました。

投機により高騰していた地価が一気に下落し、資産価値が急降下する中で、多くの企業が倒産し、経済は低迷します。それは、高度成長以来はじめて日本が経験した本格的な不況の到来でした。1995年の冬に起きた阪神淡路大震災、そして同年3月に起きた、カルト集団オウム真理教による地下鉄サリン事件は、不況にさらに影を落とし、国民を不安に陥れました。経済大国の自負に加え、安全な国日本という神話が崩壊し、日本人の自信喪失へと繋がったのです。

自由民主党は、岸内閣、佐藤内閣以来、派閥による政権のたらい回しの中で、次第に求心力を失いつつありました。加えて、70年代に起きたロッキード事件、80年代の

ロッキード事件
1976年2月、アメリカの航空機製造大手のロッキード社による、旅客機の受注をめぐった大規模汚職事件

팽창해 청나라 이래 초강대국이 되려 하고 있습니다. 그리고 한국도 민주화가 진행되어 극동의 경제대국의 일원이 되었습니다.

이렇게 세계가 다양하고 혼란스러운 가운데 사람들의 네트워크는 이전과는 비교할 수 없을 만큼 활발해졌습니다. 새로운 산업혁명이라고 할 만한 IT 발전입니다.

일본은 1990년대에 일어난 이런 변화를 지켜보면서도 IT 산업을 견인하지 못한 채 버블 붕괴에 의한 경제 위기에서 다시 일어나지 못하고 발버둥치고 있습니다.

투기에 의해 급등했던 지가가 단숨에 하락하고 자산가치가 **급강하하는** 가운데 많은 기업이 도산해 경제가 침체합니다. 그것은 고도성장 이래 처음으로 일본이 경험한 본격적인 **불황**의 시작이었습니다. 1995년 겨울에 일어난 한신·아와지 대지진, 그리고 같은 해 3월에 일어난 컬트 집단 옴진리교에 의한 지하철 사린 사건은 불황에 한층 더 그림자를 드리웠고 국민을 불안에 빠트렸습니다. 경제대국의 자부심과 더불어 안전한 나라 일본이라는 신화가 붕괴되고 일본인의 자신감 상실로 이어졌습니다.

자유민주당은 기시 내각, 사토 내각 이래 파벌에 의해 정권이 돌고 돌면서 차츰 구심력을 잃게 되었습니다. 게다가 1970년대에 일어난 록히드 사건, 1980년대의 리쿠

록히드 사건
1976년 2월에 항공기 제조 대기업 록히드사가 여객기 수주를 둘러싸고 제공한 대규모 뇌물수수 사건

リクルート事件
1988年、リクルートコスモス社の未公開株を賄賂として受け取ったとして、政治家や官僚らが次々に逮捕された

リクルート事件など、相次ぐ汚職によって、国民の政治への不信感も払拭できずにいました。以前は優秀だとされていた官僚主導による**密室での政治**にも、国民は強い疎外感を感じていたのです。

実際政府は、不況に対する強い処方箋を提示できないまま、高度成長の奇跡を演じた日本の信用が低下します。この不況は「**失われた10年**」と呼ばれます。

同じ時代に、ビル・クリントン政権下でIT企業を育成し、財政赤字を克服し復活を遂げたアメリカ経済とは対照的に、日本政府には**構造疲労**が目立ち、リーダーシップがみられないままに、不況が深刻化していったのです。

21世紀になってからの日本は？

2001年にニューヨークを襲った**同時多発テロ**は、世界のあり方を大きく変えました。

アフガニスタン、そしてイラクとの戦争がはじまると、当時の小泉政権は、自衛隊をイラクに派遣し、復興支援を実施し、アメリカとの連携を強くアピールします。一方で、戦前の日本の行為を肯定しているともとれる資料館を有し、そこに**戦没者**が祀られている**靖国神**

靖国神社
(야스쿠니 신사)

르트 사건 등 잇따른 오직으로 국민의 정치에 대한 불신감을 불식하지 못하고 있었습니다. 이전에는 우수하다고 평가되었던 관료 주도형 **밀실 정치**에도 국민은 강한 소외감을 느꼈던 것입니다.

실제로 정부는 불황에 대한 강한 처방전을 제시하지 못하고, 고도성장의 기적을 이룬 일본의 신용은 떨어졌습니다. 이 불황을 '**잃어버린 10년**'이라고 부릅니다.

같은 시대에 빌 클린턴 정권하에서 IT 기업을 육성하고 재정 적자를 극복해 부활을 이룬 미국 경제와는 대조적으로 일본 정부는 **구조적 피로**가 두드러지고 리더십을 상실한 채로 불황이 심화되었습니다.

리쿠르트 사건
1988년 리쿠르트 코스모스사의 미공개 주식을 뇌물로 받았다고 하여 정치가와 관료들이 잇따라 체포되었다

21세기가 된 이후의 일본은?

2001년에 뉴욕을 엄습한 **미국 9·11 테러**는 세계를 크게 바꾸었습니다.

아프가니스탄, 이라크와의 전쟁이 시작되자 당시의 고이즈미 정권은 자위대를 이라크에 파견하고 부흥 사업을 지원하며 미국과의 제휴를 강하게 드러냅니다. 한편으로는 전쟁 전의 일본 행위를 긍정적으로 평가하는 자료관을 설치하고, 게다가 **전몰자**를 모시는 **야스쿠니 신사**에 고

社を小泉首相が参拝したことが、中国や韓国の反発を招き、特に中国との関係が冷え込みます。

中国が**超大国**として成長する中で、中国に軍事経済的脅威を日本が抱いていることは確かで、両国がどのように関係を維持し平和を守ってゆくかは、これからの日本にとっての大きな**外交課題**といえましょう。

小泉政権の後、自由民主党は3年間で3人の首相が交代、不況からはなんとか抜け出したものの、以前ほどの力強い経済再生には及びません。

そこに、2008年にアメリカでの**低所得者向けの住宅ローン**の破綻に端を発したリーマンショックが世界同時不況へと拡大すると、日本経済がまたも失速し、従来から**赤字国債**の発行に頼っていた国家財政も、税収の落ち込みなどで極度に逼迫します。国内の課題の多い中、国民も政府も内向きに偏りがちで、そのことを右傾化と危険視する見方もあるほどです。

実際、貧富の差の拡大、**教育格差**、若者の**勤労意欲**の低下、低迷する日本というイメージが定着することによる国民の自信喪失など、難問が山積する中で、国民の自由民主党離れが加速します。

そして、2009年の衆議院選挙で、90年代の自由民主党

이즈미 수상이 찾아가 참배한 일로 중국과 한국의 반발을 불러, 특히 중국과의 관계가 냉랭해졌습니다.

중국이 **초강대국**으로 성장해가는 가운데 일본이 중국에 의한 군사적·경제적 위협을 안고 있는 것은 분명하며 양국이 어떻게 관계를 유지하고 평화를 지켜나갈 것인가는 일본의 크나큰 **외교 과제**라고 할 수 있겠습니다.

고이즈미 정권 이후 자유민주당은 3년 동안 세 명의 수상이 교체되었고 겨우 불황에서 빠져나왔지만 이전만큼 강력한 경제 재생에는 이르지 못했습니다.

또한 2008년 미국에서 **저소득자용 주택자금 대출**의 파탄이 발단이 되어 일어난 리먼 쇼크가 세계적인 동시 불황으로 확대되자 일본 경제는 또다시 추락해 종래부터 **적자국채** 발행에 의존하고 있던 국가 재정도 세금 수입이 저조해지는 등 극도로 핍박해집니다. 국내 과제가 산재한 가운데 국민도 정부도 내부로 치우치고, 그것을 우경화라고 위험시하는 시각도 있습니다.

실제로 빈부 차이의 확대, **교육 격차**, 젊은 층의 **근로 의욕** 저하, 혼란스러운 일본이라는 이미지가 정착함에 따라 국민의 자신감 상실 등의 난문제가 산적한 가운데 국민이 자유민주당으로부터 이탈하는 경향이 가속화됩니다.

の内部分裂から成長した**民主党**が**圧勝**し、政権交代を実現します。鳩山由紀夫政権の誕生です。しかし、この政権も**沖縄の基地問題**などでの**公約**を守れず、8ヵ月で同じ民主党の菅直人を首班とする政権にバトンを渡します。自民党時代の**政官の癒着**、税金のムダ遣いともいわれる箱もの行政や天下り人事などの是正に、国民の期待が大きかっただけに、菅政権の今後が注目されます。

バブル経済の崩壊以来、日本人は、過去の政財官一体となった**護送船団方式**の国家運営に疑問を呈し、過去の常識に懐疑的になりました。

そうした中で、日本人は以前より個性を重んじ、趣向も多様化してきました。現在の経済と社会の矛盾が、この新しい日本人による未来型社会を創造するための産みの苦しみなのかどうか。まさに今、そのことが問われているのです。

未来に向かう日本とは？

現在は、すでに戦後の苦しみから抜け出し、豊かな時代に生まれた人たちが、社会を担いはじめています。彼らは、戦争の悲惨さは味わっていませんが、不況の中

그리고 2009년 중의원 선거에서는 1990년대 자유민주당의 내부 분열로부터 성장한 **민주당**이 **압승**해 정권 교대가 실현됩니다. 하토야마 유키오 정권의 탄생입니다. 그러나 이 정권도 **오키나와 기지 문제** 등과 관련한 **공약**을 지키지 못하고 8개월 만에 같은 민주당의 간 나오토를 수반으로 하는 정권에 바통을 넘깁니다. 자민당 시대의 **정관 유착**, 세금을 낭비하는 선심 행정과 낙하산 인사 등의 시정으로 국민의 기대가 컸던 만큼 간 정권의 이후가 주목됩니다.

버블 경제가 붕괴한 이래 일본인은 과거의 정치, 재벌, 관료가 일체를 이루는 **호송 선단 방식**^{낙오자가 없도록 업계 전체를 통제하는 방식}의 국가 운영에 의문을 나타내고 과거의 상식에 회의적으로 변해갔습니다.

그러한 가운데 일본인은 이전보다 개성을 중시하고 취향도 다양해졌습니다. 현재의 경제와 사회 모순이 이 새로운 일본인이 이루어갈 미래형 사회를 창조하기 위한 탄생의 고통인지 아닌지 바로 지금 그것을 묻고 있는 것입니다.

미래를 향하는 일본이란?

현재는 이미 전후의 고통에서 벗어나 풍족한 시대에 태

で、就職難や生き甲斐の喪失感を味わってきた世代です。

　一方で彼らは、不況による価格の下落が、逆に**価格破壊**という新たな利点となって国民に還元された、新たな消費指向の中で育ってきた世代でもあります。それは、安いものを楽しく着こなし、興味のあることにはお金を使うが、納得しないことには無関心な世代であるとよくいわれます。

　日本は島国です。この新しい世代が、島国日本をどう牽引するか。肩をはった日本になるのか、自然体のまま世界と交流する国になるのか。先は読めません。

　ガラパゴス現象という言葉があります。これは、日本企業が、日本の特殊なニーズにだけスポットをあて、技術革新を進め、世界の基準と乖離したところで異常に進化した商品を作ってしまうことを表した言葉です。それは島国日本の閉鎖性を指摘する言葉でもありますが、一方で、この現象によって産み出されたマンガやオタク文化などが、世界に流通する個性となって日本から発信され始めたのもまた事実です。

　そんな文化の発信源たる島国日本が、極東の**灯台**として世界に受け入れられてゆくのか、あるいは経済や政治の**低迷**が、そのまま戦前のように内向きで閉鎖的な社会

어난 사람들이 사회를 이끌어가고 있습니다. 그들은 전쟁의 비참함을 겪지는 않았으나 불황 속에서 취직난과 삶의 보람에 대한 상실감을 맛본 세대입니다.

한편 그들은 불황에 의한 가격 하락이, 반대로 **가격 파괴**라는 이점으로 국민에게 환원되는 새로운 소비 지향 문화 속에서 자라온 세대이기도 합니다. 그래서 값싼 것을 즐겁게 소화해내고 흥밋거리에는 돈을 쓰지만 납득이 가지 않는 일에는 무관심한 세대라는 말을 자주 듣습니다.

일본은 섬나라입니다. 이 새로운 세대가 섬나라 일본을 어떻게 견인할까요. 일본이 어깨를 활짝 핀 국가가 될 것인지, 자연스럽게 세계와 교류하는 국가가 될 것인지 그 앞날은 읽을 수 없습니다.

갈라파고스 현상이라는 말이 있습니다. 이것은 일본 기업이 일본의 특이한 요구에만 초점을 맞추어 기술혁신을 추진해 세계의 기준과 괴리된 비정상적인 상품을 만드는 현상을 나타낸 말입니다. 그것은 섬나라 일본의 폐쇄성을 지적하는 말이기도 하지만 한편으로 이 현상에 의해 생겨난 만화나 오타쿠 문화 등이 세계적으로 유통되는 개성이 된 것도 사실입니다.

그런 문화의 발신지인 섬나라 일본이 극동의 **등대**로서 세계에 받아들여질 것인지 아니면 경제와 정치의 **침체**가

を造ってゆくのか。いま日本は岐路に立っています。

　歴史は、その真中にいるとき、過去から未来への流れのどこにいるのか、なかなか見極められません。過去を振り返るときのみ、歴史として、未来への参考にできるのです。従って現代史は、結論の出ていない中途半端な歴史で、それを歴史として捉えていいのかどうかも疑問です。であれば、現在の日本は、太古からの歴史の中で、何時代にあたるのかを想像してみるのも楽しいものです。

　グローバルな島国でありたいものです。過去の失敗を繰り返さないようにしたいものです。未来が不透明であるが故に、安易に日本を戦争に導いた過去の価値観に回帰し、逃避しない勇気が、今の日本には必要なのではないでしょうか。

이대로 전쟁 전과 같이 내향적이고 폐쇄적인 사회를 만들어갈 것인지, 지금 일본은 기로에 서 있습니다.

역사의 한가운데 있을 때는 과거에서 미래로 흘러가는 어디에 있는지 좀처럼 판별하기 힘듭니다. 역사는 과거를 되돌아볼 때만 미래에 대한 참고가 될 수 있습니다. 따라서 현대사는 결론이 나지 않은, 어중간한 역사이므로 그것을 역사로 다루어도 좋은 것인지 의문입니다. 그렇다면 현재의 일본은 태고 적부터 이어온 역사 중 어느 시대에 해당하는가를 상상해보는 것도 즐거운 일입니다.

글로벌한 감각을 지닌 국가이고 싶은 것은 당연합니다. 과거의 실패를 되풀이하고 싶지 않은 법입니다. 미래가 불투명하다는 이유로 안이하게 일본을 전쟁으로 이끈 과거의 가치관으로 회귀해 도피하지 않으려는 용기가 지금 일본에게 필요한 것이라 생각합니다.

著者　西海 コエン

ニューヨークと東京をベースに活躍するジャーナリスト。日本の文化をアメリカに紹介するための様々なセミナーなどを企画運営し、同時に日本に向けてはアメリカの歴史や文化についての記事などを寄稿。さらに日本人に向けたビジネスコミュニケーションに関する書籍を多数執筆。その分野のコンサルタントとしても活躍している。

韓國語訳者　バク ヤンスン

1967年生まれ。東京都立大学大学院で国文学(日本語教育)を専攻し、2007年博士号を取得。帰国後ソウルの淑明女子大学・中央大学で日本語を教え、現在は蔚山科学大学助教授。『高校生のための評論文キーワード100』(ちくま新書)、『ソフトバンク「常識外」成功法則』(東洋経済新報社)、『「いい人だけどグズ」を直したい人が読む本』(こう書房)、『思考の用語辞典』(ちくま学芸文庫)、『日本語と日本思想』(藤原書店)などの韓国語版を翻訳した。

지은이 **니시우미 고엔**

뉴욕과 도쿄를 중심으로 저널리스트로 활동하고 있다. 미국에서는 일본 문화를 소개하기 위한 다양한 세미나 등을 기획·운영하며 일본에서는 미국 역사 및 문화에 대한 기사를 기고한다. 또한 일본인을 위한 비즈니스 커뮤니케이션 관련 서적을 다수 집필했으며 그 분야의 컨설턴트로도 활약하고 있다.

옮긴이 **박양순**

일본 도쿄도립대학에서 일본어학 전공으로 석사·박사 학위를 취득했다. 숙명여자대학교와 중앙대학교에서 일본어 관련 강의를 했고 현재 울산과학대학교에 재직 중이다. 옮긴 책에는 『논술 시험에 꼭 나오는 키워드 100』(2005), 『감자도리의 일본어일기』(2008), 『손정의 성공법』(2008), 『실천하는 행동력』(2008), 『사고의 용어사전』(2009), 『일본어와 일본사상』(2010) 등이 있다.

그때 일본이 만들어졌다
일본사의 중대 전환점

ⓒ 니시우미 고엔, 2013
ⓒ 박양순, 2013

지은이 | 니시우미 고엔
옮긴이 | 박양순
펴낸이 | 김종수
펴낸곳 | 도서출판 한울
편집 | 배유진

초판 1쇄 인쇄 | 2013년 4월 26일
초판 1쇄 발행 | 2013년 5월 10일

주소 | 413-756 경기 파주시 파주출판도시 광인사길 153(문발동 507-14) 한울시소빌딩 3층
전화 | 031-955-0655
팩스 | 031-955-0656
홈페이지 | www.hanulbooks.co.kr
등록번호 | 제406-2003-000051호

Printed in Korea
ISBN 978-89-460-4715-0 03910

* 책값은 겉표지에 표시되어 있습니다.